der Christian Tschepp & Manfred Kirchmeyer

Rock Your SchweineHund!

PraxisTraining Präsentation & Freie Rede

ein JUNFERMANN PraxisTraining Kompakt

Layout, © Illustrationen • **der Christian Tschepp**

Kolorierung • **Susanne Schinagl**

Druck: **Zimmer Print+MedienService GmbH**, Wewelsburg • ISBN: **3-87387-616-7**

Bibliographische Information der Deutschen Bibliothek: *Die Deutsche Bibliothek verzeichnet diese Publikation in der Deutschen Nationalbibliografie; detaillierte bibliografische Daten sind im Internet über http://dnb.ddb.de abrufbar*

Halt! Wer da?

Freund? Oder Feind?

Ah, Sie sind es. Schön, daß Sie hier sind!
Ich habe Sie nicht sofort erkannt.
Sie verstehen doch meine Vorsicht ...

... Die Einen haben mich zu ihrem Freund gemacht,
ob ich wollte oder nicht ...

Freund? Oder …

Machen Sie Ihren inneren SchweineHund zum Freund!

… die Anderen haben mich bekämpft …

... Feind?

Bekämpfen Sie Ihren
inneren Schweinehund!

... Und ehrlich gesagt:
Ich bin nicht sicher, was mir lieber war.

Um so mehr freue ich mich darauf, Sie durch dieses Training zu begleiten. Sie gestatten?

Willkommen bei **Rock Your SchweineHund!**, dem »PraxisTraining Freie Rede, Vortrag und Präsentation«. Mit dem SchweineHund.

RYSH! ist gleichermaßen Trainingsprogramm zum **Selbststudium** und Toolbox für den Einsatz im **Unterricht oder Seminar.**

RYSH! ist ein Abenteuerspielfeld, auf dem Sie vielfältig experimentieren können. Abseits von »So-ist's-richtig«, weil »So-ist's-richtig« sich allein an *Ihrem* individuellen Ausdruck orientiert. Und nicht an Lehrbüchern.

Wieso »Rock Your SchweineHund!«?

Zuallererst hat es mit mir zu tun: ***SchweineHund.*** *Und damit hat es mit Ihnen zu tun: SchweineHund,* ***innerer.***

Und schließlich: ***Im Seminar rocken wir wirklich!*** *Gemeinsam mit den Teilnehmern. Mit E-Gitarre, Bass und Schlagzeug!*

RYSH! ist kein Rhetorik-Training (den größten Teil kommunizieren Sie nichtverbal und unbewußt) und auch kein Powerpoint-Laserstab-Overhead-Training. Den nachhaltigsten Eindruck, der nach einem Vortrag, einer Rede oder Präsentation bleibt, hinterlassen Sie selbst!

RYSH! trainiert daher Flexibilität, Kongruenz, Variantenreichtum im Ausdruck und hilft Ihnen, Lampenfieber zu zähmen und Ängste abzubauen.

Was kann ein Buch können?

Soviel Sie ihm erlauben. Natürlich ist praktische Erfahrung durch nichts zu ersetzen, aber das Training findet vorher statt. Jetzt, wenn Sie wollen.

Sie haben verschiedene Möglichkeiten, mit RYSH! zu arbeiten:

1. Einführung und Unterstützung ...

... finden Sie in diesem Buch hier: **Basiswissen** zur Kommunikation mit einem **Coaching-Programm,** das Sie durch das Training begleitet.

2. Sofort trainieren?

Nehmen Sie das Buch 2 **»Training!«, die TrainingsKarten** (»Headlines«, »Sieben Geschichten«) und fangen Sie an. Die Übungen sind genau erklärt.

3. Erst einmal informieren?

Nützliches für die **Praxis:** HandBuch 3 **»Kurz & bündig!«** informiert Sie über Methoden und Strategien für die Bühne.

Aber der Reihe nach:

Lebensklugheit bedeutet: alle Dinge möglichst wichtig, aber keines völlig ernst zu nehmen.

Arthur Schnitzler

Aufbau

Zur Schreibweise:

Ich habe überlegt. Gehadert. Herumgefragt, wie wichtig »Binnen-I« und Alternativpronomina (er/sie, jede/r) im Sinne linguistischer Gleichbehandlung wären.

Die Antworten: »Laß es! Wir empfinden uns ohnehin als gleich berechtigt.«

Danke.

Buch 1: Basics + Coaching!

Teil 1: »Basiswissen Kommunikation«

Teil 2: »Mini-Coachingprogramm«

Basiswissen zu Kommunikation und Interaktion. Weil aber Wissen allein nicht genügt, gibt es ein Coachingprogramm: Wie kriege ich mein Lampenfieber in den Griff? Wie entwickle ich Sicherheit, Gelassenheit, Flexibilität, ... auf der Bühne?

Buch 2: Training!

Interaktives Training ...

... auf verbaler, paraverbaler und nonverbaler Ebene. Lernen Sie Ihre Ressourcen kennen und finden Sie Ihren ganz individuellen Ausdruck!

Buch 3: Kurz & bündig!

Teil 1: »Strategien für die Bühne«
Teil 2: »Mikrophon- und Bühnentechnik«
Nützliches für die Praxis: Wie baue ich meinen Vortrag auf? Wie gestalte ich ihn unterhaltsam? Wie erkläre ich komplexe Inhalte möglichst einfach? Und warum pfeift das Mikro die ganze Zeit?

TrainingsKarten

- **»Headlines«**
- **»Sieben Geschichten«**
- **»Selbstbild – Fremdbild«** (Block)

Ein flexibles Kartenset, mit dem Sie je nach Bedarf und in beliebiger Reihenfolge trainieren können.

Audio-CD

Musikbeispiele erschließen den einfachen Zugang zu den Übungen und bieten weitere Spielmöglichkeiten.

Kann mir jemand verraten, wieso die »Sieben Geschichten« sieben Geschichten heißen? Das sind doch acht ...

Außerdem:

zwei LeseZeichen

mit dem SchweineHund.

MetaphernKarten

Als Unterstützung für das Coaching. Oder um jemandem damit eine Freude zu machen.

Wissen und Verhalten lernen

Basics 1

Was Sie schon immer über Kommunikation wissen wollten.

Basics 2

B-UB: Bewußtsein und UnterBewußtsein

Ich bin ein verwegener Draufgänger!

Coaching 1

CoachingWerkzeuge und wie Sie optimal damit arbeiten.

Tun Sie's. Oder tun Sie's nicht!

Coaching 2

Gedanken, die Sie unterstützen.

Sie können nicht nicht kommunizieren

Zugegeben, kaum ein Kommunikationsseminar, in dem Sie diesem Satz entfliehen könnten. Auch Werbeagenturen bedienen sich seines intellektuellen Charmes. Ist Ihnen aber wirklich inne, was er bedeutet? Für Ihre Rolle als Vortragender? »*Sie können nicht nicht kommunizieren.*«

Egal, ob Sie etwas tun oder nicht tun, sagen oder nicht, denken oder nicht – **allein durch Ihre** (hier: physische) **Anwesenheit stehen Sie in Interaktion mit anderen.**

Kennen Sie die Geschichte von den vier kleinen SchweineHunden? ...

Kommunikation

von lat. communicare: »teilen, mitteilen«;

bezeichnet in unserem Kontext den ***wechselseitigen Austausch von Gedanken*** *in Form von Sprache, Schrift, Bild, Symbolen oder (auch nicht-verbalen) Signalen.*

Die Bedeutung erschließt sich dabei einerseits durch deren Verwendung, oder umgekehrt, erst durch deren Weglassung.

Die  *vier kleinen*  *SchweineHunde*

Es waren einmal vier kleine SchweineHunde. Sie hießen Pips, Stips, Hops und Drops.

Es war Sommer. Es war Ferienzeit! Und Pips, Stips, Hops und Drops waren bei der Großmutter. Was konnte es Schöneres geben? Draußen im Garten ließen sie Schiffchen aus jungen, grünen Blättern im Bach um die Wette sausen.

Pips' Schiffchen hatte bald großen Vorsprung und er rannte johlend den Bach hinunter in den Wald. »Pips, bleib hier! Nicht in den Wald!«, riefen die anderen. Die Großmutter hatte ihnen verboten, alleine in den Wald zu gehen. Der Wald sei dunkel und man wisse nie. Und es gab da auch irgendeine alte Geschichte, die mit Großmutters früh verstorbenen Brüdern und dem alten Wolf zu tun hatte, der im Wald hauste. Aber davon wußten die kleinen SchweineHunde nichts.

Pips war schon tief im Wald, quietschvergnügt und siegessicher – »BONK!«. Ehe er begriffen hatte, was geschehen war, lag er im schlammigen Boden und ein riesiges Maul mit gefletschten Zähnen kreiste über seinem Kopf. »Hallo, du kleiner, saftiger Braten!« donnerte es aus einer tiefen Kehle, die fürchterlich stank. Pips wagte nicht, zu atmen. »Na, ganz allein im dunklen Wald?«

Ein Blitz durchfuhr Pips. Erst jetzt bemerkte er, wie tief er in den Wald gelaufen war. Ganz allein. »Schade eigentlich«, raunte der Wolf und strich sich über das Kinn. Er beugte sich über Pips und flötete kreideweich: »Ich will nicht unsportlich sein, kleiner Saftbraten: Ruf deine Brüder, ich gebe euch ein Rätsel auf. Könnt ihr es lösen, dann lasse ich euch abhauen. Schafft ihr es nicht, dann ... « – seine Stimme kippte in ein Gegurgle und Gesabber und es war kein Wort mehr zu verstehen. Aber Pips wollte es auch gar nicht so genau wissen.

Kurz darauf standen die kleinen SchweineHunde zitternd vor ihm. Der Wolf grinste zufrieden. Grillparty.

»Stellt euch da vorne auf.« Der Wolf zeigte zu der Ziegelmauer, die Großmutters Garten vom Wald trennte. »Du auf diese Seite der Mauer, die anderen drei auf die andere Seite. Los, ich fress' euch – nicht!«

Pips ging zur einen Seite der Mauer; Stips, Hops und Drops zur anderen. Sie konnten einander nicht sehen. »Stellt euch hintereinander in einer Linie auf, so, daß jeder zur Mauer blickt. Und keinen Mucks mehr!«

Der Wolf zog zwei rote und zwei blaue Mützen aus einem Blätterhaufen hervor, ging von hinten auf Pips zu (so konnte er die Farbe nicht erkennen) und setzte ihm – schwupps! – eine Mütze auf den Kopf. Die nächste bekam Hops, dann Drops und schließlich Stips. Jeder der vier trug nun eine Mütze, wußte aber nicht, ob rot oder blau – die eigene Mütze konnte ja keiner sehen.

»Es ist ganz einfach«, säuselte der Wolf, »wenn mir einer von euch sagen kann, welche Farbe die Mütze hat, die er selber trägt, lasse ich euch laufen. Sollte er sich aber irren, dann ...« Wieder dieses Gegurgle ... »Ihr dürft weder sprechen, Zeichen geben oder euch bewegen. Ihr habt genau 15 Minuten Zeit. Alles klar?« Die Kleinen erstarrten. Alles war klar.

Liebe Leserin, lieber Leser, Sie sind die letzte Hoffnung der kleinen SchweineHunde. Alles klar? Die Zeit läuft. Ab – jetzt.

Waren Sie erfolgreich? Gratulation! Sie haben die Lösung noch nicht?

Geben Sie den Kleinen noch eine Chance. Sie können diese Erfahrung nur ein einziges Mal machen. Oder eben nicht.

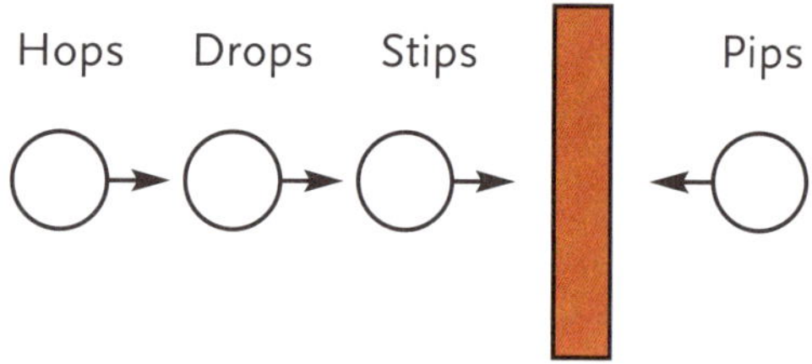

Lösung: Ein einzelner kann die Lösung nicht finden. Es ist eine Frage der **Kommunikation untereinander:**

Hops, ganz hinten in der Dreierreihe, hat den größten Überblick: Tragen die beiden vor ihm gleichfarbige Mützen, ist es einfach – er selber kann nur eine andersfarbige tragen.

Haben die zwei aber verschiedenfarbige auf (und davon können wir ausgehen), ist die Sache verzwickter:

Hops weiß weder, welche Farbe seine eigene Mütze hat, noch kennt er die Mützenfarbe von Pips (der steht hinter der Mauer). Also kann er nur eines tun: gar nichts. Sagt er nämlich nichts, bedeutet das für die anderen: Er weiß es nicht, weil er zwei verschiedenfarbige Mützen vor sich sieht.

Also ist Drops (in der Mitte) dran: Sieht er vor sich eine rote Mütze, dann kann er selber nur eine blaue tragen. Im anderen Fall hätte Hops sich längst gemeldet. **Hops kann also nur durch »Nicht-Kommunizieren« die Lösung kommunizieren.**

Nichts, was wir tun (sagen, denken), bleibt ohne Konsequenzen für unsere Umwelt. Wir können nicht nicht kommunizieren. Um so weniger, wenn wir auf der Bühne stehen und uns geballte Aufmerksamkeit zuteil wird. Nur: Was kommunizieren wir, wenn wir (nicht) kommunizieren? Und in welchen Anteilen (bewußt – unbewußt; verbal – nichtverbal; gewollt und ungewollt)? Einige »Eckdaten«:

Thema vertiefen?

Die wahrscheinlich bekannteste Metapher für innere und äußere Kommunikation:

»Die Geschichte mit dem Hammer« von ***Paul Watzlawick.*** *Sie finden sie in der* ***»Anleitung zum Unglücklichsein«.***

Wie innen so außen

Kommunikation nach außen:
Die Art, in der wir anderen begegnen, ob im Zweiergespräch oder vor tausenden Menschen, ist nur die folgerichtige **Re-Aktion auf die Art, in der wir uns selber begegnen**, also unsere

Kommunikation nach innen:
Dies ist die unmittelbarste, tiefgreifendste und mit Abstand häufigste Art der Kommunikation, der wir uns bedienen. Bis zu sechzigtausend Mal (in Zahlen: 60.000) pro Tag.

Mein aufmerksamster Zuhörer: Ich

Was denken Sie, während Sie diese Zeilen lesen? Interessant? Nonsens? Weiter so? Egal, wie Sie darüber denken, Sie »sprechen« jetzt, in dieser Sekunde zu sich selbst und **schaffen sich Ihre gegenwärtige mentale und emotionale Befindlichkeit.**

Unser gesamtes psychisches und körperliches Befinden ist in hohem Maße davon abhängig, wie wir mit uns selber umgehen – wie wir mit uns selbst kommunizieren – bewußt oder unbewußt. Aus diesem Befinden agieren wir auf der Bühne, das tragen wir nach außen zu unseren Zuhörern (Motivation und Freude oder Streß, Angst, Lampenfieber).

Vor diesem Hintergrund wird verständlich, daß das **Training des Ausdrucksspektrums** erst **in Verbindung mit dem Training der Kommunikation nach innen** (dieses Coaching) zu nachhaltigem Erfolg führt.

Thema vertiefen?

Für eine gedeihliche Kommunikation ***mit****einander –* ***Marshall Rosenberg: »Gewaltfreie Kommunikation – eine Sprache des Lebens«*** *(Junfermann).*

Richtige und falsche Kommunikation

Du weißt erst, was du gesagt hast, wenn du die Reaktion deines Gegenübers gehört hast.

Insofern kann ich Ihnen keine Rezepte für richtige Kommunikation anbieten. Insofern können Sie aber auch nichts falsch machen.

Vergessen Sie richtig und falsch. Zumindest für den Verlauf dieses Trainings.

Das hat ganz praktische Vorteile:
Sie setzen sich keinem Vergleich und damit keinerlei Druck aus: Sie brauchen nicht »gut« zu sein und schon gar nicht »besser als ...«.

Sie orientieren sich nicht am richtigen Verhalten auf der Bühne, sondern an Ihren individuellen Ausdrucksmöglichkeiten. Das ist allemal lohnenswerter.

Und vielleicht nehmen Sie diese Idee mit in das nächste »schwierige« Gespräch.

Was nach einem »besonders guten« Vortrag manchmal bleibt, ist: »Genau! So gehts!« Und das bange Gefühl: »So kriege ich das nie hin.« Erstens: falsch. Und zweitens: richtig – so kriegen Sie das nie hin. Und wenn, dann würden Sie nachahmen. Sie würden Ihre Persönlichkeit, Ihre individuellen Vorzüge zu Gunsten dieses »Richtig« verleugnen. Schade.

Für die Statistik – wir unterscheiden:

- **verbale Kommunikation** (verbal):
das sind die Wörter, die Sie verwenden.
- **paraverbale Kommunikation** (nicht-verbal):
meint, *wie* Sie die Wörter verwenden, also Ihre Intonation, die Sprachrhythmik und -melodie, die Sprechgeschwindigkeit, Tonhöhe usw. und
- **nonverbale Kommunikation** (nicht-verbal):
Ihr mimischer und gestischer Ausdruck – die Körpersprache.

verbal: Der **verbale** Ausdruck stellt in unserem Kontext die **WAS-Ebene** dar: Was wird gesagt, welche Wörter werden verwendet?
nicht-verbal: **Dazu gehören die paraverbale und die nonverbale** Ebene. Sie geben Auskunft darüber, wie wir kommunizieren: die **WIE-Ebene.**

Im Sinne unserer rationalen Weltsicht ist wahr, was (letztlich physikalisch) beweisbar ist. Wir sind es **gewohnt, uns am »Was« zu orientieren:** Was hast du gesagt/getan/unterlassen? Dafür werden wir belohnt oder zur Verantwortung gezogen.

Was für viele wissenschaftliche Disziplinen unverzichtbar ist, tut uns für das Verständnis von Kommunikation keinen guten Dienst: Den größten Teil dessen, der beim Gegenüber »ankommt«, kommunizieren wir nämlich über die Wie-Ebene.

Dies erklärt den manchmal spärlichen Erfolg technischer Disziplinen der Kommunikation wie explizite Rhetorik- oder Verhaltenstrainings. Als Ergänzung können sie aber gute Dienste tun.

Ein Viertel »Was« zu drei Viertel »Wie«

Willst du Recht behalten

oder glücklich sein?

Beides gleichzeitig geht nicht.

Marshall Rosenberg

Wir **kommunizieren den größten Teil** nicht über unsere Sprache (bewußt), sondern **über nicht-verbale Anteile** (meistens unbewußt).

Mit jedem kognitiven Inhalt, den wir transportieren (Wissensvermittlung – Was), übermitteln wir **gleichzeitig emotionale Inhalte** (Gefühle – Wie). Und die entscheiden in weit höherem Maße über Gelingen oder nicht!

Das gilt im Besonderen für die Bühnensituation, denn alle Aufmerksamkeit ist auf Sie gerichtet.

Das zeigt sich aber auch an manch hitzig geführtem Streitgespräch zu Hause oder unter Kollegen. Wir ziehen uns, automatisch, weil gelernt, darauf zurück, **was** wir gesagt haben:

»Das habe ich doch bereits erklärt!«
»Ich habe wiederholt betont, daß ...!«
Ja, schon. Aber **wie**?

P.S.:
*Auch unsere Kinder lernen **weniger durch Ge- und Verbote**, sondern vielmehr durch **die Art, wie** wir ihnen das vermitteln. Und das geschieht **meist unbewußt ...***

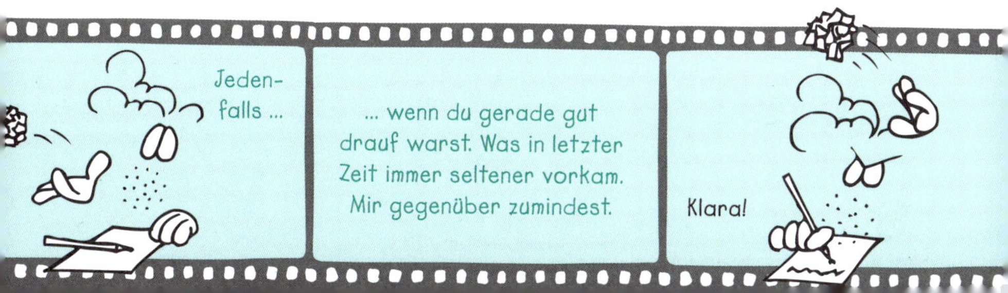

Seien wir realistisch!

Unsere Wahrnehmung durchläuft viele sozialisations- und umweltbedingte Filter, bevor wir zu Interpretationen gelangen. Individuell und subjektiv entwickeln wir eine **»Wahrnehmungsbrille«, die unsere ganz persönliche Weltsicht kreiert.** Und die ist die Basis unserer Kommunikation. Nach innen und nach außen.

Wir behaupten zwar, wir seien unvoreingenommen, objektiv und in diesem Sinne realistisch. Aber genau betrachtet gibt es das gar nicht.

Gott sei Dank.

Kommunikation – *»Basics«*

Sie können nicht nicht kommunizieren: Nicht einmal dann, wenn Sie gar nichts tun.

Wie innen so außen: Unsere Kommunikation mit anderen ist die Re-aktion auf die Art, in der wir mit uns selber sprechen.

Vergessen Sie Richtig und Falsch: »Du weißt erst, was du gesagt hast …«

Mein verläßlichster Gesprächspartner: Ich. Ich spreche täglich bis zu 60.000 Mal zu mir.

Für die Statistik: Wir unterscheiden verbale, para- und nonverbale Kommunikation. Das weit größere Gewicht haben die nicht-verbalen Anteile.

B-UB: Bewußtsein – UnterBewußtsein:

Wissen und Verhalten lernen

Das Verhältnis zwischen Bewußtsein und Unterbewußtsein wird oft mit einem Eisberg verglichen, dessen **größter Teil sich unsichtbar** unter der Wasseroberfläche verbirgt. Der größte Teil dessen, was in uns vorgeht, geschieht unbewußt.

Das betrifft einerseits **physiologische Vorgänge** (Atmung, Herzschlag) und andererseits **psychologische Vorgänge** (unbewußte Muster, Überzeugungen).

Der Mensch ist, was er glaubt.

Anton Tschechow

B-UB: *sichtbar und unsichtbar*

Das Bewußtsein – Verstand und Wille

Das ist der sichtbare Teil des Eisbergs: unser **Verstand**, die Ratio, das Tagesbewußtsein, der **Wille** – jener Anteil, der uns in allen Belangen des Lebens unterstützt, die wir **bewußt und vorsätzlich** tun.

Das reicht von der Entscheidung, morgens aufzustehen und zur Arbeit zu gehen oder auch nicht, bis zum Schlafengehen. Dazwischen entscheiden wir uns für eine bestimmte Kleidung, Essen, Beruf, Freunde, Partner(in), Gespräche, Freizeitaktivitäten usw.

Das UnterBewußtsein – Glaube und Innere Wahrheiten

Hier wird die Sache heikler, weil dies den unsichtbaren Teil des Eisberges darstellt. Unsichtbar bedeutet aber nicht unwirksam, im Gegenteil – er »steuert« unser Verhalten ganz massiv.

Hier liegen unsere **Werte und Überzeugungen**, der **Glaube** (im Sinne innerer Gewißheit), unsere unbewußten **Gewohnheiten** und das daraus resultierende Verhalten.

Bewußtsein und Unterbewußtsein stehen in einem **andauernden wechselseitigen Austausch.**

Stehen unser Wille (Bewußtsein) und unser Glaube (Unterbewußtsein) sich gegenüber, unterliegt der Wille.

Haben Sie schon einmal mit »eisernem Willen« Ziele verfolgt (Rauchen aufhören, Joggen, Abnehmen, ...) und sind trotzdem gescheitert?

Ein möglicher Grund: Unbewußte Glaubenssätze standen dem Willen gegenüber.

*Die Ketten
der Gewohnheiten
sind gewöhnlich
so leicht,*

*daß wir sie nicht
spüren können,*

*bis sie so stark
geworden sind,*

*daß wir sie nicht
mehr sprengen
können.*

Samuel Johnson

B-UB:
wechselseitige Beeinflussung

Unser **Verstand** (Ratio) denkt in **Worten** und drückt sich in Worten aus. Und: er **bewertet.** Unser Verstand sagt uns, ob etwas »gut/richtig/ ... « oder im Gegenteil »schlecht/falsch/ ... « ist. Eine sehr hilfreiche Eigenschaft.

Das **Unterbewußtsein** denkt nicht in Worten, sondern in **Bildern und Gefühlen.** Es **bewertet nicht,** sondern sammelt auf, was über die Schleuse des Verstandes hereingelangt und **setzt es nach besten Kräften um**. In der Überzeugung, dies seien die gewünschten Resultate. Das geht so:

Das Unterbewußtsein denkt in Bildern

Jeder Gedanke, jedes Wort, jede Begegnung übersetzt sich im Unterbewußtsein unmittelbar **in ein Bild.**

Bilder gehorchen Gesetzmäßigkeiten: sie kennen keine Verneinung

Denken Sie jetzt bitte nicht an die Silhouette des Pariser Eiffelturms. Bloß nicht! – Sie haben doch, stimmts? **Bilder lassen sich nicht verneinen.** Das ist der Grund, weshalb Selbstbeschwörungsformeln wie »Ich bin nicht nervös. Ich habe kein Kopfweh« usw. nur selten zu den gewünschten Resultaten führen.

Wiederholung: das Unterbewußtsein etabliert Automatismen

Wenn wir Bilder und Gefühle (Vorfreude auf den ersehnten Kuß oder die Angst vor einer gefürchteten Krankheit) immer wieder erinnern, entwickeln wir über das Unterbewußtsein sehr effektive **Denk- und Verhaltensautomatismen** (wie beim Erlernen des Autofahrens) – je häufiger, um so schneller und intensiver.

Wissen lernen + Gefühle lernen

*Wann haben Sie sich das letzte Mal **gelobt?** Wann waren Sie das letzte Mal **stolz** auf sich? Wann haben Sie sich das letzte Mal **gefeiert?***

Keine Zeit? Schade. Das schleicht sich nämlich auch ins »Gefühlsrepertoire« ein: Selbstvertrauen, Lebensfreude, Gelassenheit.

Wie Sie dabei vorgehen können, erfahren Sie auf *S. 60ff: »Affirmationen«.*

Wir lernen gleichzeitig kognitiv (bewußt) und emotional (unbewußt). Sobald wir uns Wissen aneignen, eignen wir uns auch Gefühle an.

Ein Beispiel: Sie beschließen, eine Diät zu machen. Weil das Frühjahr kommt. Und wieder geht: Sie brechen ab.

Kognitiv haben Sie erfahren, daß Sie die Diät abgebrochen haben. Na und? War ja sowieso einseitig. Und ungesund.

Emotional haben Sie gelernt: »*Ich habe nicht durchgehalten. Ich bin nicht konsequent. Ich habe versagt.*« Oder so ähnlich. Auf diese Art untermauern Sie unbewußte Glaubenssätze. Und die schleichen sich auch in andere Lebensebenen ein.

= Verhalten lernen

Im Rahmen unserer Sozialisation erwerben wir auf diese Art **Gewohnheiten und Charakterzüge,** Werte und Glaubenssätze, verschiedene Ängste, Selbstvertrauen oder einen Mangel daran.

Wir »lernen« unsere **vermeintlichen Möglichkeiten und unsere Grenzen.**

Das geschieht nicht immer bewußt und auch nicht immer gewollt, aber immer nach den gleichen Spielregeln: **Visualisieren – Emotionalisieren – Wiederholen.** So lernen wir Wissen und so lernen wir Verhalten (s. rechts).

Auf diese Weise läßt sich sogar Hilflosigkeit erlernen, wie im Beispiel auf der nächsten Seite dargestellt:

So lernen wir Wissen und Verhalten:

1. Visualisieren
Wir kreieren ***innere Bilder****. Andauernd und meist unbewußt.*

2. Emotionalisieren
Waren Sie schon einmal verliebt? Richtig verliebt? Mit Schmetterlingen im Bauch und Flausen im Kopf? Wahrscheinlich haben Sie jetzt nicht nur ein Bild im Kopf, sondern auch ein ***Gefühl*** *im Bauch. Das geht ganz von selbst.*

3. Wiederholen
Sie holen sich etwas wieder: *durch Gedanken, Worte und Taten.*

Erlernte Hilflosigkeit

Haben Sie im Zoo oder Zirkus schon einmal einen ausgewachsenen **Elefanten** gesehen, der **an einen kleinen Holzkeil »gekettet«** war? Es wäre ein Leichtes für ihn, den Keil auszureißen. Aufgrund seiner Körperkraft jedenfalls. Nur:

Als ganz kleiner Elefant, der diese körperlichen Voraussetzungen noch nicht besaß, hat er gelernt, daß er gegen den Keil nichts auszurichten vermochte: unzählige Male hat er daran gezerrt, der Holzkeil blieb unbarmherzig stecken.

Irgendwann hat der Elefant es **nicht mehr versucht: er hatte gelernt,** daß es keinen Sinn machte, weiter zu zerren und dieses Wissen **als Realität verinnerlicht** (s. Buch 3 **»Kurz & bündig!«,** S. 77 »Erlernte Hilflosigkeit«).

Sie und ich machen es genauso.

Die gute Nachricht!

Das bedeutet aber auch: **Ich kann dazulernen, ich kann um-lernen, ich kann ver-lernen:** Ich kann mein lähmendes Gefühl vor dem Auftritt in konzentriertes Wachsein verwandeln oder meine Redehemmung in Spaß am Ausdruck.

Eigentlich ganz einfach!

Alles, was ich benötige, sind die »richtigen« Bilder und Gefühle. Solche, die mich fördern, mir Zuversicht und Selbstvertrauen schenken. Es ist eine Frage der **Motivation:**

»Hin zu« oder »Weg von«? ...

Ganz gleich,
ob Sie glauben,

Sie können etwas
oder
können es nicht,

Sie haben in
jedem Fall recht.

Henry Ford

Wie denken Sie über die Erfolgsaussichten eines Leichtathleten, der mit der Weg von-Motivation trainiert? »Hoffentlich verpatze ich den Start nicht wieder! Ich darf gar nicht dran denken, ... Ich wünschte, der Wettkampf wäre vorbei.«

Konzentrieren Sie sich auf das, was Sie wollen. *Sportler trainieren auch so.*

Ihre Motivation: Hin zu ... oder: Weg von ...?

Treiben mich Vorfreude und Begeisterung meinem Ziel entgegen oder tue ich es aus Frust, Ärger oder Angst?

»Hin zu« fokussiert das Ziel:
Ich sehe mich bereits attraktiv/gesund/vital, ... Ich freue mich schon auf den Auftritt/die Rede/die Präsentation.

»Weg von« fokussiert das Problem:
Ich bin dick! Ich ernähre mich ungesund! Ich habe eine Riesenangst vor diesem Auftritt!

Verhalten lernen – Sie erinnern sich?

Wenn Sie, am Beispiel »Diät«, mit der »**Weg von** Übergewicht/Krankheit/mangelnder Attraktivität/ ...«-Strategie hantieren, dann denken Sie fortwährend an **Ihre Defizite, Ihr Problem.**

Schon entstehen die entsprechenden **Bilder**. Um das **Gefühl** brauchen Sie sich gar nicht mehr zu kümmern. Und nun brauchen Sie nur noch möglichst oft daran denken, darüber lesen, reden – **wiederholen**: Sie sabotieren sich selbst.

Umgekehrt: **Probleme sind nichts anderes, als auf den Kopf gestellte Ziele.** Sie brauchen sie nur umzudrehen. Wie das geht? Auf Seite 58 gehts los!

Dem Himmel sei dank haben wir als kleine Kinder beim Sitzen, Stehen, Laufen lernen und beim Erwerb unserer Muttersprache aus einer (offenbar ganz natürlichen) Hin zu-Motivation agiert.

Von SchweineHund zu Schweine  Hund:

Unter dem Gesichtspunkt von **Hin zu** und **Weg von** und den folgerichtigen Implikationen betrachtet: Wie zielführend ist ein

Krieg *gegen* Terrorismus
Kampf *gegen* die Arbeitslosigkeit
Kampf *gegen* die Armut ...

Warum nicht stattdessen Einsatz
... *für* Frieden und gegenseitigen Respekt?
... *für* sinn-volle und sinn-gebende Arbeit?
... und *für* ein gerechtes, liebevolles Miteinander?

Verklärte Vorstellungen? Idealisierte Träumerei? Vielleicht. Aber was bleibt, ist, ganz pragmatisch betrachtet:

Wörter erzeugen **Bilder.** Je stärker und eindringlicher diese Bilder sind, desto stärker ist das sie begleitende **Gefühl,** welches dann zu **folgerichtigem Verhalten** führt ...

Das war immer schon so? Staunen Sie über »Das Experiment« (Trainings-Karte 3 der »Sieben Geschichten«).

Der einzig wahre Realist ist der Visionär.

Frederico Fellini

Wissen und Verhalten lernen:
Bewußtsein & UnterBewußtsein

Wir steuern und werden gesteuert von zwei Kräften, die sehr unterschiedlich agieren: **Bewußtsein** *und* **Unterbewußtsein.**

Ihr Verhältnis wird oft am Beispiel eines Eisberges erläutert: **der größte Teil ist unsichtbar.**

Sichtbar: Bewußtsein (Wille)
Verstand, Ratio, Tagesbewußtsein.
Unsichtbar: Unterbewußtsein (Glaube)
Werte, Glaubenssätze, Gewohnheiten, Charakterzüge.

Bewußtsein und Unterbewußtsein stehen in permanentem **wechselseitigem Austausch.**

Eigenschaften

Bewußtsein: *bewertet.*
Unterbewußtsein: *bewertet nicht.*

Bewußtsein: *denkt in Worten und Zahlen.*
Unterbewußtsein: *denkt in Bildern und Gefühlen.*
Bilder und Gefühle kennen keine Verneinung.

Wissen und Verhalten: Lernzyklus

So lernen wir Wissen und so lernen wir Verhalten:
Visualisieren, Emotionalisieren, Wiederholen.

Jeder **Gedanke** *und jedes Wort übersetzen sich im Unterbewußtsein in ein* **Bild** *(Visualisierung), das von einem* **Gefühl** *begleitet wird (Emotion). Nach mehrmaliger Wiederholung etablieren sich* **Denk- und Verhaltensautomatismen.**

Ob die uns kraftvoll fördern oder uns die Energie und Motivation rauben, bestimmen wir durch unsere Ausrichtung: **Hin zu** *oder* **Weg von** *etwas?*

Eine Nachbemerkung zum Lernen im allgemeinen und für dieses Coaching im besonderen. Blättern Sie um.

Was Hänschen nicht lernt ...

Manchmal irrt der Volksmund: Beim Lernen entstehen, in ***jedem*** *Alter!, neue Axiome (Nervenverbindungen). Je mehr wir davon haben, desto besser können wir neue Informationen verarbeiten.*

Je mehr ich lerne, um so schneller und leichter lerne ich! FSK: ohne Altersbeschränkung!

Lernen – eine Nachbemerkung:

Wir merken uns ...

Wir lernen am meisten und Nachhaltigsten, wenn wir möglichst viele Sinne beteiligen: multisensorisches Lernen.

Das gilt gleichermaßen für das Fremdsprachentraining wie für den Erwerb neuer Verhaltensmuster.

Und das gilt auch für dieses Training.

10% von dem, was wir **lesen**

20% von dem, was wir **hören**

30% von dem, was wir **sehen**

Wir merken uns ca./bis zu …

50% von dem, was wir **hören und sehen**

70% von dem, was wir **selber sprechen**

90% von dem, was wir **selber tun**

Fragen über Fragen ...

CoachingWerkzeuge

Wie unterstütze ich mich im Vorfeld effektiv gegen Lampenfieber und Redeängste?
Warum bewirken Affirmationen oft genau das Gegenteil von dem, was sie eigentlich tun sollen?
Welche Interventionen nutzen als Sofortmaßnahmen, welche mittelfristigen Maßnahmen sorgen für nachhaltige Veränderungen?

CoachingWerkzeuge und wie Sie optimal damit arbeiten.

Unterstützen Sie sich mit Affirmationen!

Das Wiederholen von heiligen Wörtern, Sätzen und positiven Verstärkern gehört seit jeher zur Spiritualität und (nach wie vor) zu allen Religionen.

Sie werden aber auch außerhalb religiöser Kontexte, vor allem in mentalen Trainingsfeldern verwendet.

Sie und ich verwenden Affirmationen ebenfalls (meist unbemerkt) seit unserer Kindheit.

Sportler haben ihn. Politiker haben ihn. Manager haben ihn. Den individuellen Energieerhaltungssatz. **Die persönliche magische Formel.**

Affirmationen wirken. Als Krisenintervention genauso, wie als Mittel zur mentalen Stärkung oder zur Unterstützung eines (Selbst-)Heilungsprozesses.

Affirmation bedeutet **Zustimmung, Bejahung.** Aus der Werkzeugkiste betrachtet, handelt es sich um einen klassischen (freiwilligen Selbst-)Konditionierungsprozeß. Ihren Zauber erhalten Affirmationen aber erst durch ihre »individuelle Note«.

Magie hat ihre Regeln: Mögen Ihre Bemühungen auch noch so redlich sein – unsachgemäße Handhabung kann sehr destruktive Gefühle erzeugen.

Ich hatte meine Affirmationssätze gewissenhaft ausgearbeitet und mit Eifer betrieben. Das Resultat war, daß es mir schlechter ging als vorher und die unumstößliche Gewißheit, daß Affirmationen möglicherweise bei allen anderen funktionieren, aber nicht bei mir.

Als wir das Ziel endgültig aus den Augen verloren hatten, verdoppelten wir unsere Anstrengungen.

aus: M. Twain »Tom Sawyer & Huckleberry Finn«

Affirmations-Scrabble:

Was? der Satzbaukasten

Kreieren Sie Ihren individuellen, ganz persönlichen magischen Satz. Suchen Sie die passenden Worte, überprüfen Sie, verändern Sie – so lange, bis Sie sich mit Ihrer Affirmation wirklich wohl fühlen. Dafür gibts die meisten Punkte.

Achten Sie dabei auf **eine positive Formulierung:** »nicht« oder »kein« lenkt den Fokus auf den unerwünschten Zustand! Formulieren Sie **in der Gegenwartsform** und **selbstbezogen**: Sie sind der Hauptdarsteller!

Wenn Sie Ihre Affirmation zu allgemein halten *(»Ich bin reich/schön/gesund/ ...«)* bleibt sie ungefähr und wirkungslos. Was genau brauchen Sie?

Wie? der Gefühlsbaukasten

Formulieren Sie die Affirmation so, daß Sie sie glauben können – im Sinne von: »innere Gewißheit haben«. Wenn sich dahinter ein »*Das verdienst du nicht, du bist zu faul/dumm/undiszipliniert/...* « versteckt, kann es nicht klappen.

Vergessen Sie nicht, sich zu erinnern: Finden Sie Ihren Rhythmus für die **Wiederholungen:** einmal am Tag, alle zehn Minuten oder je nach Bedarf. Die Affirmation behält ihren Zauber, wenn Sie ihr jedesmal Aufmerksamkeit und möglichst viel Gefühl schenken. Laden Sie sich positiv auf!

Kritische Stimmen?

Das Gefühl gibt Ihnen deutlich Aufschluß darüber, ob Sie Ihre Affirmation glauben können.

Sollte es Ihnen nicht gelingen, eine Affirmation zu kreiieren, die von Ihren inneren Kritikern widerspruchslos akzeptiert wird, dann können Sie sie elegant umsegeln – blättern Sie um.

»Sei doch realistisch!« Affirmationen für Zweifler 1:

Wenn ich an meiner Affirmation zweifle, dann sind alle Bemühungen, so ehrenvoll sie sein mögen, kontraproduktiv.

Wenn Wille und Glaube sich gegenüberstehen, hat der Wille keine Chance.

Wer jedes Jahr zu Silvester mit dem Rauchen aufhört oder ab morgen täglich Jogging betreibt, weiß, was ich meine.

»Das Lampenfieber ist nun mal da. Das bekommst du auch mit Schönreden nicht weg!«

Gehören Sie zu den hartnäckigen Zweiflern, die erst einmal Beweise brauchen, viele Beweise, bevor die warnenden Stimmen der Vernunft gütlich schweigen? Dann geht's Ihnen wie mir.

Wir brauchen einen Trick. Wir benötigen eine Formulierung, die unsere inneren Kritiker überzeugt und gleichzeitig zum gewünschten Ergebnis führt. Genial einfach:

Denken Sie nur ein einziges Wort.
Ein konstruktives, aufbauendes Wort.
Zum Beispiel: »Selbstvertrauen«.
Und weiter? Nichts weiter.

»Selbstvertrauen«. Ein gutes Gefühl. Das löst schöne Bilder aus. Und: **»Selbstvertrauen« kennt keinen Widerspruch.** Sagen Sie nicht: *»Ich bin voller Selbstvertrauen«* oder *»Ich berste vor Selbstvertrauen«*, wenn Sie nicht bersten. Ganz egal, ob Sie's haben oder nicht – denken Sie einfach nur: »Selbstvertrauen«. Kein Widerspruch möglich.

Wörter schaffen Wirklichkeit. Indem Sie konstruktive Wörter denken, imaginieren Sie konstruktive Bilder, die Ihr Unterbewußtsein nach besten Kräften zu verwirklichen sucht.

Jetzt sind Sie dran:
Was finden Sie schön?
Was macht Ihnen Spaß?
Was brauchen Sie?

Das Denken erschafft die Welt und behauptet dann: »Ich war es nicht.«

David Bohm

Affirmationen für Zweifler 2
Fortsetzung: ganze Sätze

Aus den Wörtern lassen sich auch ganze **Sätze formulieren.** Diese Sätze benötigen natürlich ebenfalls eine Formulierung, die keinen Widerstand hervorruft. Eine Formulierung, der Ihre tiefe Überzeugung innewohnt. Eine Formulierung wie:

»Ich mag Selbstvertrauen.« Ob Sie's haben oder nicht, Sie mögen es. An einer solchen Formulierung gibt es **nichts zu rütteln**.

Beginnen Sie die Sätze mit: **»Ich mag ..., ich liebe ..., ich habe ... gern« usw. und setzen Sie dann ein, was Sie visualisieren möchten.** Scheuen Sie sich nicht, es so auszudrücken, wie Ihnen der Schnabel gewachsen ist. Niemand hört zu: »Ich steh' auf Selbstbewußtsein! Finde ich echt geil. ...«

Wörter und Sätze dieser Art können Sie **beliebig oft und beliebig lange wiederholen.** Sie üben keinerlei Druck aus und rufen keinen Zweifel hervor. Sie sinken sanft in Ihr Unterbewußtsein und werden nach und nach zu einem selbstverständlichen Teil Ihrer Persönlichkeit.

Unterstützen Sie sich mit mentalem Training

Je geübter Sie sind, umso einfacher werden Sie den erwünschten Zustand schnell und sicher herstellen. Auch unter ungünstigen Bedingungen (zum Beispiel unmittelbar vor Ihrem Auftritt).

Sie können mit den Affirmationen (für Zweifler) als »mittelfristige Maßnahme« zum **Entspannen, Visualisieren, Ziele fokussieren** so vorgehen:

Vereinbaren Sie Termine mit sich selbst. Wenn Sie wissen, wann Sie trainieren wollen, können Sie die Zeit dafür von vornherein freihalten. Wenn Sie das einschränkt, lassen Sie es sein.

Kein »Müssen« und kein Erfolgsdruck: Es soll Ihnen nutzen und das tut es am wirkungsvollsten, wenn es Spaß macht!

Imaginieren Sie, was für Sie paßt und nicht, was jemand anderer oder Ihr Ego meint, das wichtig für Sie sei (dann vergleichen Sie nämlich und das führt unweigerlich zu Erfolgsdruck). Sie werden deutlich spüren, was Ihnen entspricht.

Versuchen Sie nicht, sich krampfhaft von irgendetwas zu überzeugen. Mit der »zweifelsfreien« Formulierung geht das ganz von selbst. Ohne Druck und ohne Anspannung.

Sie können die folgenden Regeln verändern, weglassen, ergänzen. Es gibt **kein Rezept**. Experimentieren Sie und finden Sie heraus, **was Ihnen gut tut.**

Jeder Schamane muß sein eigenes Lied finden.

Mentales Training – die Spielregeln:

1. **Haltung:** Es gibt keine »richtige« Haltung. Die, die Ihnen am angenehmsten ist, ist auch die richtige (Sitzen hat gegenüber dem Liegen den Vorteil, daß Sie dabei nicht einschlafen können). **Zusatzregel:** Sie dürfen die Position verändern, blinzeln, ... Was sollte es auch, in kataleptischer Starre zu verharren, während Ihr linkes Ohr furchtbar juckt?

2. **Hilfsmittel:** Benötigen Sie nicht. Wenn die Ent-spannung Ihnen mit Musik oder Duftkerzen leichter fällt, gestalten Sie Ihr Umfeld entsprechend. Bewahren Sie sich aber die Unabhängigkeit von Hilfsmitteln, sonst fühlen Sie sich bald nicht mehr in der Lage, ohne sie zu arbeiten.

3. **»störende« Gedanken:** Brauchen Sie nicht zu verscheuchen. Gehen Sie einfach zurück zu den erwünschten Bildern. Sie können nur einen Gedanken auf einmal denken – damit verschwinden alle anderen von selbst. Das geht immer besser und schneller.

4. **Wie oft?** Sooft Sie wollen.

Viel Zeit zu haben, ist etwas Wunderbares! Ich liebe es, an einem ruhigen Strand in der Sonne zu liegen! Ich mag duftende Blumenwiesen. Es ist schön, eine tolle Rede zu halten. Applaus zu bekommen ist ein wunderbares »Dankeschön«. …

Glück
Gesundheit
Liebe
Freunde
Sonnenschein
Spaß
Urlaub
Blumenwiese

Plötzlich klappte es wie am Schnürchen. Ich war keinerlei Erfolgsdruck mehr ausgesetzt, hatte keine Zweifel und was das Schönste war: … Sie werden es ja selbst erleben …

Die Hummel

Flügelfläche: 0,7 cm^2
Gewicht: 1,2 Gramm
Nach den bekannten Gesetzen der Aerodynamik kann sie nicht fliegen.

Die Hummel weiß das aber nicht ... und fliegt!

Unterstützen Sie sich mit Metaphern!

Metaphern sind hervorragende »Erinnerer«, die uns in unseren Vorhaben unterstützen, die uns helfen dranzubleiben, mutig, stark und zuversichtlich zu sein.

Finden Sie einen Spruch oder ein Bild, das Sie an Ihre Absicht erinnert. Idealerweise etwas, das Sie in irgendeiner Weise bezaubert, schmunzeln läßt, betroffen macht oder beflügelt – ein Gefühl auslöst.

Nun brauchen Sie nur noch dafür zu sorgen, daß Sie Ihrer Metapher häufig begegnen (Wiederholung, Sie wissen schon). Das war's.

Ein Foto/Spruch auf dem Schreibtisch, ein Poster an der Wand, ein Kärtchen, das Sie bei sich tragen, ein Bild am Kühlschrank, am Kaminsims oder auf dem Klo (doch, doch: ein »stiller« Ort).

Metaphern eignen sich auch als Krisenintervention in Streß- oder Angstsituationen: Sie unterbrechen das bestehende emotionale Muster und stabilisieren.

Wann immer ich unter Druck stehe, ist eine meiner wertvollsten Ressourcen eine Metapher, die ich bei mir trage – das Bild meines kleinen Sohnes. Und die Botschaft, die mitschwingt.

Damit Sie sofort losstarten können, finden Sie in dieser Box Kärtchen mit Metaphern:

Zum Mutmachen, zum »Dranbleiben«, zum Freude schenken.

Thema vertiefen?

»Der kleine Prinz«
Antoine de Saint-Exupéry
(Karl Rauch Verlag)

Vielleicht haben Sie das Buch ja ohnehin. Lesen Sie's nochmal.

Ein gutes Gefühl: das Gegenteil von Angst

Mut? Nein, es ist nicht Mut. Mut bedeutet, etwas zu tun, *obwohl* ich Angst davor habe. Das kann's also nicht sein. Ich glaube, das Gegenteil von Angst ist: Dankbarkeit.

Ein köstliches und völlig zu Unrecht in Vergessenheit geratenes Gefühl! Dankbarkeit kennt keine Angst. Dankbar kann ich nur für etwas sein, was ich liebevoll betrachte, dessen ich mir sicher bin.

Dankbarkeit fördert eine Grundstimmung, aus der wir ohne Angst agieren.

Dabei ist es völlig gleichgültig, ob es große oder kleine Dinge sind, an die Sie dankbar denken oder die Sie aufschreiben. Es geht um das Gefühl.

Deshalb: »Erledigen« Sie's nicht mechanisch. Einmal täglich dankbar sein. Ablaß für Fortgeschrittene. **Erinnern** Sie sich einfach daran, **wieviele schöne Seiten** Ihr Leben abseits von Hektik, Streß und Sorgen hat.

Es geht nicht um Schönreden oder Verdrängen. Ich will Sie auch zu keinem besseren Menschen machen. Ich beschreibe Ihnen lediglich die **»Reiz-Reaktionsmuster« Ihrer Psyche**. Sorgen Sie – ganz egoistisch – dafür, daß es Ihnen gut geht!

Wo wir gerade beim Egoismus sind …

Das Sieger-Verlierer-Syndrom

Es mag sein, daß auch Schadenfreude, Zynismus und allerlei Omnipotenzphantasien zu guten Gefühlen und (temporärer) Selbstsicherheit gereichen.

Das Blöde an dieserart guten Gefühlen ist der Umstand, daß wir dabei immer vom Verhalten anderer abhängig sind: Äußere Umstände bedingen das Gefühl. Und: Die »Reiz-Reaktionsregeln« gelten auch hier.

Ein Hoch dem Egoismus!

Kennen Sie dieses Gefühl? Sie machen jemandem ein Geschenk von Herzen und freuen sich selber mindestens genauso, wie der/die Beschenkte. Es ist, als hätten Sie sich selbst beschenkt. Haben Sie auch. Sie Egoist!

Ein Mißverständnis: Egoismus ist weder die bekannte Ellenbogentechnik, noch das Kontrollieren/Übervorteilen anderer oder Lügen, ... also Bescheißen (Sie verzeihen) – sich selber Vorteile verschaffen auf Kosten anderer.

Das verursacht nämlich Streß: »*Ich könnte aufgedeckt werden. Ich muß auf der Hut sein. Mißtrauen ist angebracht. ...*« Das erzeugt erneut Streß. Und der kann sich auch körperlich auswirken. Das ist nicht egoistisch, sondern blöd.

Es funktioniert auch andersherum: Verschenken Sie ein Lächeln, Lob, Anerkennung, ... und vergessen Sie sich selber dabei nicht! So beschenken Sie sich, sooft Sie wollen, selbst.

Das Leben, das Sie genießen, erdulden oder erleiden, ist eine unablässige Aneinanderreihung von Gefühlen. Seien Sie egoistisch und sorgen Sie nach besten Kräften für **Emotionen, die Sie glücklich machen**. Das stärkt Ihr Immunsystem und Ihr Vertrauen.

P.S.:
Geschenke sind nicht teuer. Aber wertvoll! Verschenken Sie Zeit. Haben Sie nicht? Dann sind Sie kein Egoist!

Der Weg zur Hölle ist gepflastert mit guten Vorsätzen

Sie sollten nicht müssen

Gehören Sie wie ich zu denjenigen, die sich mit Vorfreude und hohen Erwartungen ins Training stürzen und plötzlich von Zugzwängen umgeben sind? Training Di und Do, jew. 19.30 Uhr. Man will ja weiterkommen.

Sie **müssen** nicht! Natürlich, je häufiger Sie etwas tun, desto schneller gelangen Sie zu Ergebnissen. Nur: Setzen Sie sich nicht dem Zwang des »Müssens« aus. Wörter erzeugen Bilder!

Wenn Sie etwas **»müssen«,** sind Sie bereits in **Zugzwang**. Sonst müßten Sie ja nicht. Egal, ob es ums Wäschewaschen geht oder um den neuen Job. Richtig unter Druck setzen Sie sich mit: *»Ich muß* ***endlich*** *...!«* Jetzt haben Sie nämlich auch keine Zeit mehr ...

Der Superlativ, das endgültige emotionale K.o.: **»Sollen«.** *»Ich sollte dringend/endlich/ ...« Sollen* tarnt sich geschickt. Geschickt getarnt wirkt *Sollen* harmlos, aber das schlechte Gewissen wird mitgeliefert: *Sollen* suggeriert, daß Sie wider besseres Wissen handeln. Das sollten Sie nicht tun.

P.S.: Ich habe ***»müssen«*** *durch »können«, vielmehr:* ***»ich könnte«*** *ersetzt. Müssen Sie aber nicht.*

P.P.S.: Wenn Sie weiterexperimentieren möchten, ersetzen Sie jedes »man« durch »ich«.

Probieren
geht übers Studieren

Wer hoch steigt,
der fällt tief.

Wer's nicht tut, bleibt
von vornherein unten.

Canis Porcinus Internus

Stimmt schon. Achten Sie aber darauf, mit welcher Intention Sie probieren.

Das »gute« Probieren: »Das werd' ich ausprobieren!« Freude! Kein Zweifel. Das »böse« Probieren: »Mal sehen, ob das klappt«, »Schon gut, ich versuchs ja ...« Sorgen, Hoffen und Bangen.

Jedem von uns stehen hundert Prozent Energie zur Verfügung. Es sind *Ihre* hundert Prozent.

100/0

»Sofort ausprobieren« enthält keinen Zweifel. Tun ist tun.

50/50, 70/30, ...

»Mal sehen ...« eröffnet zumindest zwei Möglichkeiten: Es klappt oder es klappt nicht. Zwei Intentionen, zwei Bilder, zwei Gefühle: Ich splitte meine hundert Prozent je nach Zuversicht in 50/50 oder 70/30 ... In jedem Fall: Ich ziehe einen Teil meiner Energie schon im Vorfeld ab. Präventivfrustration.

Entscheiden Sie sich, etwas zu tun, oder entscheiden Sie, es sein zu lassen. Und dann tun Sie's. Oder tun Sie's nicht. Aber probieren Sie nicht.

Es ist nicht realistisch, nur ans Gelingen zu denken? ***Gehe zu Seite 64: »Sei doch realistisch!«***

Es wäre besser, sich von vornherein mit dem Gedanken anzufreunden, daß es daneben gehen könnte? Dann ist es im schlimmsten Fall nicht ganz so schlimm.
Seite 50: »Motivation«

Ein »Worst-case-Szenario« ist ein sicheres Notpolster.
Ja, für Ihre Versicherung.

Dies ist kein Aufruf zu Leichtsinn. Es ist einer zu »leicht Sinn«!

P.S.:
Diese Methoden haben kein Ablaufdatum. Sie werden nicht schlecht. Und auch nicht schlechter, wenn Sie sie nur gelegentlich verwenden.

Noch ein Hinweis:

Was immer Sie künftig an Herausforderungen zu bewältigen haben:
Denken Sie nicht: »*Schaffe ich das?*«
Denken Sie: »***Wie** schaffe ich das?*«.

Diese drei Buchstaben führen Ihre **Gedanken auf eine andere Fährte.** Sie enthalten die Unterstellung, daß Sie es auf jeden Fall schaffen, nur noch nicht wissen, wie. Das wirkt erstaunlich!

Gedanken,
die Sie unterstützen

Das Gegenteil von Angst:
Dankbarkeit

Ein Hoch dem Egoismus! –
Sorgen Sie für Hochgefühle!

Der Weg zur Hölle ist gepflastert mit guten Vorsätzen –
Sie sollten nicht müssen!

Tun Sie's. Oder tun Sie's nicht –
aber probieren Sie nicht.

Es mag sein, daß das alles nichts Neues für Sie war. Stimmt, ich habe es nicht erfunden. Aber ich habe es ausprobiert: Es funktioniert. Glauben Sie mir nicht. Tun Sie's. Oder tun Sie's nicht.

Ich wünsche Ihnen Alles Gute dabei!

Die Autoren

Vater. Schreiber. Illustrator. Rockmusiker. Trainer.

der
Christian Tschepp

www.schweinehund.at
www.christian-tschepp.at

Schauspielstudium. Werbung & Marketing. NLP, Suggestopädie, Dialog-Prozeß.
Elektropost: ***info@christian-tschepp.at***

»Das macht Sinn!« (Junfermann 2004)
Das schönste Fünf-Sinne-Erlebnis-Buch

»Milton!« (Junfermann 2004)
PraxisTraining »Hypnotische Sprachmuster«

Vater. Musiker.

Eigentlich wollte ich Rockstar werden, habe aber irgendwann gemerkt, daß ich vorsichtig mit meinen Wünschen umgehen sollte – die könnten nämlich in Erfüllung gehen!

eMail: ***office@manfred-kirchmeyer.com***

Songwriter und Komponist. Musikproduzent. Initiator und Leiter von mehr als 1000 Rock- & Popmusik-Workshops in Österreich, Deutschland und Italien.

Manfred Kirchmeyer

www.
manfred-kirchmeyer.com

»Rock Your SchweineHund« wäre ohne Euch nicht
»Rock Your SchweineHund« geworden.
Vielen Dank:

Susanne Schinagl. *Danke, Susi, für Deine Zeit, Energie und Deine wertvollen Anregungen zu schweinehündischen Ungenauigkeiten.*

Frederic Tschepp. *Dein Enthusiasmus, SchweineHunde zu zeichnen, zu bemalen, zu kopieren, aufzukleben hat mich angesteckt. Danke, mein Schatz!*

Gottfried Probst. *Danke, Gottfried, für viele bereichernde Gespräche, manch genialen Input und für Deine Eselsgeduld!*

Vielen Dank ***meinen Freunden und Bekannten,*** *die mich in der Zeit des Schreibens zu ertragen hatten. Und mich trotzdem mögen.*

der **Christian Tschepp** & **Manfred Kirchmeyer**

Rock Your SchweineHund!

PraxisTraining Präsentation & Freie Rede

ein JUNFERMANN PraxisTraining Kompakt

Layout, © Illustrationen • **der Christian Tschepp**

Kolorierung • **Susanne Schinagl**

Druck: **Zimmer Print+MedienService GmbH**, Wewelsburg • ISBN: **3–87387–616–7**

Bibliographische Information der Deutschen Bibliothek: *Die Deutsche Bibliothek verzeichnet diese Publikation in der Deutschen Nationalbibliografie; detaillierte bibliografische Daten sind im Internet über http://dnb.ddb.de abrufbar*

Holzhacken
ist deshalb
so beliebt, ...

Die Spielregeln

... weil man dabei den Erfolg sofort sieht. – Albert (Einstein)

Den Anfang
macht das
Wort.

Verbale Ebene

Die wichtigste Fertigkeit von allen? Zuhören können.

Der Ton
macht
die Musik!

Noch
einmal
mit Gefühl!

Para- & nonverbale Ebene

Die »richtige« Betonung – das Ausdrucksspektrum vergrößern.

Gefühle darstellen

Jesus, Hitler, Gandhi und die Rolling Stones ...

*»Um neue Kontinente zu entdecken,
muß man erst die bekannten Gewässer verlasssen.« – André Gide*

»Schiff ahoi!« – SchweineHund, Innerer

Das Kunstwerk

Die »Kunst« des Sprechens in exponierter Lage ist künstlerischer Ausdruck in einer sehr ursprünglichen Form: **das Kunstwerk,** das Sie präsentieren, **sind Sie selbst.**

Sehen Sie die Übungsanleitungen als kreatives Spielfeld und haben Sie viel Vergnügen dabei!

*Nehmen Sie Ihre Übungen mit einem **Kassettenrekorder** auf. Das hat **mehrere Vorteile:***

Sie gewöhnen sich an den Klang Ihrer Stimme (was erst einmal sehr befremdlich sein kann).

Sie hören, ob Sie stimmig artikulieren.

Sie können sich als Zuhörer Feedback geben.

Die Spielregeln

Selber trainieren:

Alles, was Sie benötigen, ist ein Ort, an dem Sie ungestört üben können und ggf. ein Kassettenrecorder. Mit anderen macht's natürlich noch mehr Spaß!

Seminar/Training/Unterricht:

Sie können jede der vorgeschlagenen Übungen auf Einzel- oder Kleingruppenarbeit »übersetzen«. Hinweise dazu finden Sie bei den Übungen.

Peergruppen:

1. Fangen Sie an. **2.** Schaffen Sie ein Setting wie im Seminar (Bühnenraum, »Zeitwächter«, ...). Das erleichtert die Sache gewaltig.

*Was ist das beste Training?**

Sie können auf verschiedene Art mit RYSH! arbeiten:

1. **Sie folgen dem vorgeschlagenen Aufbau** oder
2. **Sie** (haben Vorkenntnisse und) **steigen bei einer Stufe Ihrer Wahl ein** oder
3. **Sie trainieren** jeweils nur genau das, **was Sie gerade benötigen.**

Kleine Schritte: Die Übungen sind zum Teil nur geringfügig modifiziert. Das soll es Ihnen erleichtern, Nuancen zu erkennen und daran zu feilen. Wann immer Sie einen größeren Schritt machen wollen: Tun Sie's!

***Praxisübungen** sind mit*

Übung 1-1

diesem Symbol markiert. Die Zahlen geben das jeweilige Kapitel und die Nummer der Übung an.

Seiten mit Praxisübungen** sind zum schnellen Auffinden **farbig unterlegt.

Abkürzungen:

TN = Teilnehmer
KG = Kleingruppe

** Das, das Sie machen.*

Dankeschön für die freundliche Überlassung der »Headlines«:

Die Trainings-Karten (TK)

TK – »Headlines«

20 verschiedene TK mit Headlines bieten eine große Auswahl zum Geschichten erfinden und zum Training der Artikulation. Die Vorderseiten sind jeweils identisch – so können Sie die Karten »blind« ziehen beim Selbertrainieren oder im Seminar/Unterricht.

TK – »Selbstbild – Fremdbild«

Geleimter Block mit 20 TK für erstaunliche Experimente zur Selbst- und Fremdwahrnehmung.

TK – »Sieben Geschichten«

Die TK mit den **Sieben Geschichten** sind in ihrer Sprache und Aufbereitung **sehr unterschiedlich.** So haben Sie ein großes Trainingsfeld.

Sie können **mit jedem Text jede der vorgeschlagenen Übungen durchführen**. Mit einigen klappt's sofort, andere sind sperriger, aber je öfter Sie mit den Texten arbeiten, um so vertrauter werden sie Ihnen. Das entspricht insofern der Echt-Situation, da Sie in der Praxis ebenfalls mit mehr oder weniger geprobten Texten arbeiten werden.

Anmerkung:

Es mag sein, daß manche Formulierung in den »Sieben Geschichten« fremd für Sie klingt.

»Zähmen« Sie die Texte – formulieren Sie ggf. einzelne Wörter oder Satzteile um. Es geht um Stimmigkeit, nicht um Sprachakrobatik.

BlizzNews

Schnell. Sauber. Diskret.
Zwofuffzig. (Unter Brüdern)

Audio-CD Inhalt:

1. *RYSH!-Fanfare*
2. ***Mächtig***
3. ***Spieluhr***
4. ***Böse***
5. ***Dschungel***
6. ***Andromeda***
7. ***Busuki***
8. ***Streß***
9. *Traumreise*
10. *RYSH!-Fanfare*

***»audionetic Vol. 1«** von **Manfred Kirchmeyer** wurde von Ärzten, Therapeuten und im Training mit Spitzensportlern erfolgreich getestet.*

Musik wird oft als Lärm empfunden,
weil stets mit Geräusch verbunden.
Wilhelm Busch

Die Audio-CD

enthält, neben der RYSH!-Fanfare (Nr. 1 und 10), **sieben äußerst unterschiedliche Musikstücke (Nr. 2 bis 8)** analog den Sieben Geschichten. Verwenden Sie sie, um sich »einzustimmen« (die Titel beschreiben den Charakter der Stücke) oder als Hintergrundmusik beim Training.

Nr. 9 – »Traumreise« ist ein Ausschnitt aus »audionetic Vol. 1«: fließende Klänge auf der Ruhepulsfrequenz, die harmonisierend und ausgleichend wirken. Neben dem Training: Tun Sie sich etwas Gutes und hören Sie das Stück zum Tagträumen und Entspannen an.

Ein herzliches »Vergelt's Gott!« auch an:

Und nun viel Vergnügen beim Training! Den Anfang macht eine …

Standortbestimmung

Ihre Wirkung auf andere, Ihre Ausstrahlung, trägt maßgeblich zum Gelingen oder Mißerfolg bei. Im Beruf und auf der Bühne ist es hilfreich, darüber Bescheid zu wissen. Im Privatleben ist es zumindest interessant ...

Würde es Sie interessieren, zu erfahren, wie Sie auf die Menschen in Ihrem Umfeld wirken? Wissen Sie, wie andere Sie einschätzen? Und: Entspricht das Ihrer Selbsteinschätzung? ...

Ganz sicher?

Wenn Sie Lust auf ein verblüffendes Experiment haben, dann nehmen Sie zwei TK »Selbstbild – Fremdbild« vom beiliegenden Block (Anleitung auf der nächsten Seite), laden Sie einen netten Menschen dazu ein und los geht's. Standortbestimmung.

Natürlich ist das nur eine Momentaufnahme, aber wenn Sie dieses Experiment einige Male mit verschiedenen Partnern wiederholen, zeichnet sich ein klares Bild ab. Vielleicht gelangen Sie gerade mit Ihnen vertrauten Menschen zu den erstaunlichsten Ergebnissen ...

Hier die Anleitung:

Das wahre Geheimnis der Welt ist das Sichtbare, nicht das Unsichtbare.

Oscar Wilde

Eine mögliche Gefahr bei der Fremdeinschätzung:

»Ich kenne dich nicht so gut, wie soll ich denn wissen ...?« Sie möchten niemanden vorschnell in eine Schublade stecken. Recht so.

Hier geht es aber nicht darum, jemanden »richtig« einzuschätzen. Es geht darum, Ihren gegenwärtigen – ganz subjektiven – Eindruck wiederzugeben. Den haben Sie, so oder so.

Falls eine Zuordnung unmöglich scheint, kreuzen Sie die Null an.

Sie benötigen:
TK »Selbstbild – Fremdbild« *(geleimter Block);* ***eine(n) Partner(in); Schreibstift***

wie ausgeprägt?:	schwach				stark		
	-3	-2	-1	0	1	2	3
rücksichtsvoll							
mutig							
kompromißbereit							
optimistisch							
ungeduldig							
usw.							

So sieht die TK im Original aus. Seite 1 ist überschrieben mit **»Selbsteinschätzung«**, die Rückseite mit **»Fremdeinschätzung«.**

1. Selbsteinschätzung

Gehen Sie, jeder für sich, die Begriffe zügig durch und kreuzen Sie an: Für wie rücksichtsvoll halten Sie sich? Sehr: »3«. Nicht so ausgeprägt? Eher »-1«? Und wie mutig schätzen Sie sich ein? usw.

2. Fremdeinschätzung

Haben Sie die Selbsteinschätzung abgeschlossen, dann drehen Sie die TK um und schätzen Sie Ihr Gegenüber ein: gleiche Begriffe, gleiche Vorgehensweise. Beide fertig?

3. Vorlesen

Lesen Sie nun Ihrem Gegenüber die »Fremdeinschätzung« vor: Wie schätzen Sie ihn/sie ein? Nichts erklären, nur vorlesen. Ihr Gegenüber kann es mit der eigenen »Selbsteinschätzung« vergleichen (markieren).

4. Tauschen Sie sich aus

Vermutlich haben Sie einige interessante Dinge zu besprechen.

5. Wechsel

6. Tauschen Sie sich wieder aus

Widerstehen Sie der Versuchung, die Skala »-3 bis +3« mit Schulnoten gleichzusetzen. Der Minusbereich bedeutet keineswegs »nicht genügend«, sondern nur: wenig/nicht ausgeprägt. Viel Vergnügen!

Ohne Worte

Zum wichtigsten Handwerkszeug eines/einer Vortragenden gehört eine Fertigkeit, die mit Ausdruck erst einmal nichts zu tun hat: Zuhören.

Dieser Abschnitt des Trainings will Sie **zum Zuhören verführen.** Er ist sozusagen der passive Trainingsteil, der Sie für den Gebrauch und die Wirkung von Sprache sensibilisieren möchte: das »Trainingsfeld Alltag« als Basis eines reichen Ausdrucksspektrums.

Außerdem freue ich mich auf einen bezaubernden Kollegen, der Ihnen die **»Hypnotischen Sprachmuster«** vorstellen wird ...

Zuhören

Vor Menschen zu sprechen ist ein ständiger wechselseitiger Austausch: Sie agieren vor den Zuhörern, die in der ihnen angemessenen Form (wie auch immer) reagieren. Dieses Verhalten gibt Ihnen wiederum Hinweise dafür, wie Sie weiter vorgehen.

Nur wenn Sie »zuhören«, werden Sie spüren, wann es Zeit für eine Pause ist, wann Sie ein Thema wiederholen oder beenden sollten, ob Sie Ihre Inhalte verständlich kommuniziert haben usw.

Sie ahnen es: »Zuhören« gilt hier **nicht nur für die sprachliche Ebene**, es gilt auch für den gesamten **nichtsprachlichen Bereich**.

Trainingsfeld Alltag 1
Wahrnehmung

Wach »zuhören« können, ist eine **Kernfähigkeit eines jeden Vortragenden**. Das Trainingsfeld »Alltag« bietet uns dazu Gelegenheiten in Fülle: jede Begegnung, jedes Gespräch, jedes Telefonat, ...

Seien Sie präsent! Hören Sie den Menschen aufmerksam, unvoreingenommen, respektvoll zu. Ihrem Partner(in), Ihren Kindern, Freunden, Kollegen, der Bäckersfrau.

Ihre **Wahrnehmung wird sich dabei ganz automatisch schärfen**. Von möglichen Indikationen, die Qualität Ihrer Beziehungen betreffend, gar nicht zu reden ...

Thema vertiefen?

Ein Trainingsbuch mit genauen Anleitungen fürs Seminar: ***»Kommunikation für Könner«*** *von* ***Vera F. Birkenbihl***

Wer die Macht
der Wörter
nicht kennt,
kann auch
die Menschen
nicht kennen.

Konfuzius

Wörter schaffen Bilder
Bilder schaffen Emotionen
Emotionen schaffen Wirklichkeit

Warum gibt es in keinem modernen Unternehmen mehr Probleme, sondern nur »Herausforderungen«, besser noch: »Chancen«?

Weil eine bestimmte Wortwahl ganz bestimmte Bilder in den Zuhörern auslöst.

Idealerweise steht hinter dem »neuen« Begriff auch eine neue Idee, ein neuer Ansatz. Bleibt er eine **Phrase, die nur schönredet,** sprechen wir von »Euphemismus«.

Euphemistische Sprachmuster wirken:

Deshalb gibt es keine Altersheime mehr, sondern Seniorenresidenzen.

Deshalb werden Mitarbeiter nicht mehr entlassen, sondern freigestellt.

Deshalb berichten Nachrichtenmeldungen von »Kollateralschäden« und nicht von zerfetzten Müttern und verkrüppelten Kindern.

Trainingsfeld Alltag 2

Wahrnehmung

1. Hören Sie sich **Interviews mit Politikern** an. Hier finden sich zum Teil recht kreative und unterschiedliche Wortschöpfungen zu gleichen Sachverhalten.

2. Entdecken Sie, wie häufig **euphemistische Sprachmuster die Durchsetzung wirtschaftlicher Interessen** unterstützen: in Interviews, Pressemitteilungen, Informationsbroschüren u.ä.

Wörter sind starke Anker, die über Jahre hinweg, manchmal ein ganzes Leben lang wirken, ohne daß wir es bemerken.

Wörter beschreiben Verhalten.
Wörter beschreiben Verhalten.
Wörter beschreiben Verhalten.

Wörter sind Verhalten.

Wir alle entwickeln ungeachtet unserer Bildung, Kultur usw. im Laufe unseres Lebens unsere »eigene Sprache« mit bestimmten Schlüsselwörtern: den **habituellen Wortschatz.**

Diese Wörter schleichen sich unbemerkt in unser Vokabular ein und verfestigen sich im Laufe der Zeit zu Standardbeschreibungen unserer Befindlichkeit. Schließlich **werden** die Begriffe, die wir mit Erfahrungen verknüpfen, zu unserer Erfahrung.

Kennen Sie Menschen, die permanent »gestreßt« sind? Beim Frühstück, im morgendlichen Stau, im Beruf, im Urlaub, an der Supermarktkasse, ...

Es handelt sich dabei zwar um durchaus verschiedene Gefühle, die in diesen Situationen erlebt werden, aber nach und nach etabliert das Wort »Streß« sich zum Synonym – ich benötige immer weniger verschiedene Wörter zur Beschreibung meines Gefühlslebens. Das ist effizient. Aber nicht besonders schlau.

Folge. Richtig.

Menschen mit einem verarmten Wortschatz entwickeln ein verarmtes Gefühlsleben.
»Verarmter Wortschatz« meint hier nicht intellektuelle oder rhetorische Fertigkeiten, sondern die Fähigkeit, möglichst vielfältig die eigenen Gefühle zu beschreiben.

Verarmter Wortschatz = verarmter Ausdruck

Bestimmte Worte, vielmehr: deren Bedeutung, verlangen eine ganz **bestimmte Ausdrucksweise,** um kongruent/authentisch zu wirken. Wenn Ihnen jemand mit verträumtem Blick zuraunt, er sei »wahnsinnig gestreßt«, ist das nicht authentisch (oder ein bereits sehr fortgeschrittenes Stadium).

»Streß« hat sich zum **verbalen Sammelbecken** verschiedener unangenehmer Gefühle entwickelt. Das geschieht auch auf anderen emotionalen Ebenen – durch Alltag, Routine, Gleichform.

Wenn Sie nun immer **weniger Wörter benutzen,** um Ihre Gefühle zu beschreiben, benötigen Sie dementsprechend **weniger Ausdrucksformen**. Die Folge: Nach und nach **verarmt** der »Ausdruckswortschatz«, **Ihre Ausdrucksfähigkeit.**

Wortschatz erweitern = Gefühlspalette erweitern = Ausdruck erweitern

Eröffnen Sie mit »neuen« Wörtern neue Ansichten – im Zweiergespräch wie auf der Bühne. Auf den folgenden Seiten finden Sie einige Beispiele. Haben Sie keine Scheu vor verrückten Begriffen – die sind merk-würdig.

Achtung Euphemismusfalle: Der neue Begriff soll weder schönreden noch verdrängen – er soll zum gleichen Sachverhalt neue Bilder wecken, die **neue Standpunkte, Sichtweisen, Gefühle eröffnen.**

Geübte Vortragende verstehen es, auf der Klaviatur der Gefühle zu spielen. Sie greifen dabei auf einen reichen Fundus an Adjektiven zurück, mittels derer sie (eigene oder fremde) Emotionen ausdrücken.

Übung 1-1

Standortbestimmung:

Welche Gefühle haben Sie in der vergangenen Woche erlebt?

Notieren Sie diese auf ein Blatt Papier.

Übung 1-2 Verwandeln Sie Worte in Gefühle

Finden Sie zu jeder der folgenden »normalen« Beschreibungen mindestens eine Alternative, die das Gefühl noch einmal intensiviert:

Einige Beispiele:
Finden Sie Ihre/n Partner/in »hinreißend« anstatt »attraktiv«.
Seien Sie »ritterlich«, nicht einfach nur »höflich«.
Sagen Sie Ihrem Mitarbeiter, daß er »erstklassig« gearbeitet hat, nicht »gut« – und Ihrem Publikum, daß es »bezaubernd« war, nicht »nett«.

Jetzt sind Sie dran! Normal – Super
interessant ⇢ ... • aufgeregt ⇢ ... • zuversichtlich ⇢ ... • mögen ⇢ ... froh • selbstsicher • sich gut fühlen • motiviert sein • zufrieden • neugierig • ganz gut • nicht schlecht • schnell

Übung 1-3 Ergänzen Sie sieben selbst gewählte weitere Begriffe um jeweils eine Alternative

Sie können den neuen Wortschatz auch für sich selber nutzen: Würden Sie sich anders fühlen, wenn Sie, anstatt *versagt* zu haben, *etwas dazugelernt* hätten? Wenn Sie, anstatt *wütend* besser *leidenschaftlich* sind? Das löst nicht das Problem, pardon, die Chance, aber Sie begegnen ihr mit einem neuen Gefühl!

Hier einige weitere Beispiele:
deprimiert ⇢ vor dem Loslegen
gestreßt ⇢ im Einsatz/auserwählt
ängstlich • krank • ungeduldig • verwirrt • überfordert • einsam • ...

Machen Sie sich mit Ihrem neuen »emotionalen Vokabular« vertraut, bevor Sie es verwenden. Und: Lassen Sie »Lieblingswörter« nicht zur Masche werden. Dann wären wir nämlich wieder beim Start: das Sammelbecken ...

**Liebe Leserin,
lieber Leser,**

es ist mir ein besonderes Vergnügen, Ihnen nun einen Begleiter, ich darf sagen: einen Freund, vorzustellen. Ein wortgewandter Sprachzauberer, der Sie in den »kunstvollen Umgang mit Sprache« einführen wird. Begrüßen Sie mit mir ...

... Milton!! Mit Ausrufezeichen!

Schön, daß ich hier bei Ihnen sein darf! Ich werde Sie ein Stück durch die »verbale Ebene« dieses Trainings begleiten und Ihnen einige Sprachmuster vorstellen, die für Vortragssituationen besonders relevant sind.

Diese Sprachmuster sind Teil des hochwirksamen **»Milton-Modells«** (s.a. Buch 3 **»Kurz & bündig!«, S. 74)**, das der amerikanische Psychotherapeut **Milton Erickson** (1901 – 1980) begründet hat.

Milton war bekannt für seinen genialen, »kunstvoll vagen« Umgang mit Sprache. Er war **einer der erfolgreichsten Therapeuten** seiner Zeit. Ich habe das sehr umfassend in dem Buch: »Milton! Praxistraining ...«

»Milton!!«

Wie? Keine Werbung, wie besprochen. Fakten. Alles klar!

Folgen Sie mir in die wunderbare Welt der Universalquantoren, Zitate und metaphorischen Sprachmuster ...

Die Lieblinge
der Werbung und Politik:

Universalquantoren

... sind Generalisierungen (Verallgemeinerungen) wie: ***alle, immer, jeder, nie*** etc., die den Zuhörer in die eigene Erfahrungswelt führen: *»**Alle** Menschen haben das Potential, neue Dinge schnell aufzunehmen.«*

Universalquantoren werden auch dazu benutzt, um die Aufmerksamkeit auf einen bestimmten Effekt zu lenken: *»**Mit jedem Mal** üben werden Sie diese Sprachmuster **immer selbstverständlicher** handhaben.«*

Mit ihnen lassen sich aber auch Unterstellungen formulieren, die bestimmte Absichten verfolgen: *»**Jeder** weiß, wie wichtig eine gute Versicherung ist.«* Ich also auch. Die Botschaft lautet: Wenn ich mich nicht bei XY versichere, handle ich wider besseres Wissen.

Universalquantoren werden mit Vorliebe in der Werbung benutzt:

»Alle woll'n mit Pisel waschen!«

»Jeder weiß, wie wichtig eine gute Versicherung ist.«

Trainingsfeld Alltag 3

Wahrnehmung

Achten Sie auf Radio- oder TV-Werbung und beachten Sie, was mit diesen **Generalisierungen** den (potentiellen) Kunden **vermittelt werden soll.**

Können Sie sich vorstellen, daß **auf diese Weise auch Vertrauen** zu einem Produkt erzeugt werden kann?

Die Metapher zählt möglicherweise zu den fruchtbarsten latenten Kräften des Menschen.

Ihre Wirksamkeit grenzt an Zauberei, und sie scheint ein Werkzeug der Schöpfung zu sein, die Gott im Innern einer seiner Kreaturen vergaß, als ER sie schuf.

José Ortega y Gasset

Einfache Bilder erklären komplexe Zusammenhänge:

Metaphern

In unserem Kontext meint »Metapher« **Zitate, Sinnsprüche oder Geschichten** und – der Vollständigkeit halber – auch **Bilder** wie rechts.

Im weiteren Sinne sind Metaphern aber auch Dinge, die irgendeine individuelle Bedeutung oder Botschaft für uns tragen. Unser Leben ist voll davon: Geld, Verträge, Auszeichnungen, das Foto eines geliebten Menschen, der Ehering, der Teddybär aus Kindertagen usw.

Willst du Recht behalten oder glücklich sein? Beides gleichzeitig geht nicht.

Marshall Rosenberg

Woran haben Sie beim Durchlesen dieser Metapher gedacht?

Metaphern **veranlassen den Zuhörer, den (bildhaften) Kontext auf sein eigenes Leben zu übertragen.** Sie lösen eine unbewußte Suche nach Beispielen bzw. Lebenserfahrungen aus und **wirken als Verstärker.**

Ich? Ich bin auch eine Metapher, stimmt. Wofür – das wissen aber nur Sie.

Thema vertiefen?

Metaphern für Coaching, Training und Therapie: ***v. Münchhausen/Trageser: »Die Metaphern-Kartei«***

Geschichten aus dem Alltag – ***Jorge Bucay: »Komm, ich erzähl dir eine Geschichte«***

Metaphern werden seit jeher verwendet, um zu illustrieren, um auf einfache Weise zu erläutern oder beispielhaft zu kommentieren.

Jesus scharte »Menschenfischer« um sich, weil die einfachen Menschen diese Sprache verstanden.

Martin Luther Kings berühmte Worte »I had a dream ...«, beschreiben metaphorisch seine Vision von einem respektvollen Miteinander *aller* Menschen.

Hitler wußte ebenfalls um die Kraft der Metaphern: In Umdeutung des alten indischen Abwehr-, bzw. Glückssymbols »Swastika« wirkt die Schreckensmetapher des Hakenkreuzes bis heute.

Oder Geschichten:

Eine Frage des Standpunktes

Ein Angestellter des Ölmagnaten Andrew Carnegie hatte einen Fehler gemacht, der zu einem Verlust von einer Million Dollar führte.

Carnegie rief den Mitarbeiter zu sich. Der entschuldigte sich und sagte: »*Ich weiß, Sie werden mich jetzt entlassen.*«

Carnegie lachte und erwiderte: »*Ich habe gerade eine Million Dollar in Ihre Ausbildung gesteckt, Sie glauben doch nicht im Ernst, daß ich Sie jetzt entlasse?*«

PraxisTip

Legen Sie sich eine Metaphern-Schatzkiste an. Pragmatischer: eine Metaphern-Kartei.

Metaphern finden sich in Zeitschriften, Büchern, im Internet, ... Die Belohnung dafür ist nicht nur ein effizientes Vortragswerkzeug, sondern auch so mancher stille, genüßliche oder erheiternde Gedanke.

Fleiß

Fleiß

ist die

ist die

Wurzel

Wurzel

aller

aller

Häßlich-keit.

Häßlichkeit.

Oscar Wilde

Oscar Wilde

»Das habe ja nicht ich gesagt!«

Zitate

Zitate übertragen Autorenschaft und Inhalt einer Botschaft auf jemand anderen. Sie dienen also dazu, **Botschaften zu vermitteln, ohne für den Inhalt Verantwortung zu übernehmen**.

Der Hörer hat die Wahl, den Inhalt auf sich zu beziehen oder auch nicht. Dadurch wirken die im Zitat enthaltenen Aufforderungen »indirekt«:

»Ein erfahrener Trainerkollege hat mir gesagt, daß ***Rock Your SchweineHund*** *das effektivste Training ist, mit dem er je gearbeitet hat.«*

Zitate bergen einen weiteren Vorteil: Sie übertragen die Kompetenz (Weisheit, Autorität, ...) des Urhebers – jedenfalls temporär – auf den Sprecher:

»Natürlich bedeutet einmaliges Lesen nicht, daß Sie alle hier vorgestellten Sprachmuster aus dem Ärmel schütteln, aber wie meinte schon Albert Einstein: Holzhacken ist deshalb so beliebt, weil man den Erfolg sofort sieht.«

Ich darf mich an dieser Stelle von Ihnen verabschieden. Vielen Dank für Ihre Aufmerksamkeit! Eine beiläufige Bemerkung noch ...

Meine Damen und Herren! Ich darf Ihnen vorstellen: Ein Bestseller! Ein Füllhorn! Ein Quell der Inspiration! ...

»Danke, Milton! ...«

... Für Trainer, Berater, Führungskräfte, Pädagogen, ... kurz:

Für alle professionellen Kommunikatoren.

... 9 Themenbereiche mit 252 Musterformulierungen! Beliebig erweiterbar, überall einsetzbar. »Milton!! Ich ...

... denke, die Leser ...«

... Für brillanten Sprachgebrauch!

Dieses wertvolle Set müßte eigentlich weit über 100 EURO kosten, ... aber Sie zahlen dafür weitaus weniger!

Dieses Set – inklusive ...

... HandBuch, 63 TrainingsKarten, BlankoKarten und Wording-Booklet in stabiler Pappbox – für rund 35,– EURO!

J. Tomas, M. Schmidt-Tanger, der C. Tschepp:

»Milton!«
PraxisTraining Hypnotische Sprachmuster

Junfermann
2004

Ich sollte jetzt sagen: »Milton!! Das ist ja unglaublich! ...«, aber ich sage:

Wie? Oh, Entschuldigung. Ich weiß schon:

Vielen Dank! Auf Wiedersehen!

»Vielen Dank, Milton!«
Ich kann ihm einfach nicht böse sein ...

Den Anfang macht das Wort
Die Verbale Ebene

Das wichtigste Werkzeug: ***Zuhören***

Wörter schaffen Wirklichkeit:
Bereichern Sie Ihren »emotionalen« Wortschatz und Sie bereichern Ihr Ausdrucksvermögen.

Unterstützen Sie sich mit Sprachmustern des »Milton-Modells«:
Universalquantoren *– lenken die Aufmerksamkeit.*
Metaphern *– erläutern komplexe Zusammenhänge.*
Zitate *sind »indirekte« Aufforderungen.*

Die Schatzkiste: *Sammeln Sie Zitate und Metaphern!*

Liebe Leser,

haben Sie die TrainingsKarten bereitliegen?
Willkommen zum »aktiven« Teil!

- *die **Stimme** variieren lernen – Intonation;*
- *die **Pausentechnik** als dramaturgisches Element;*
- ***mimischer und gestischer** Ausdruck;*
- ***Kreativitätstraining:** Geschichten erfinden.*

Viel Vergnügen dabei!

macht

Der Ton macht die Musik!

paraverbale und nonverbale Ebene

Mein Geographielehrer war ein sympathischer Mensch. Gebildet und Lehrer aus Berufung. Nur: Sein Unterricht war so monoton, daß es ihm regelmäßig gelang, schlummertiefe Alphawellen zu produzieren. Schade eigentlich.

In diesem Abschnitt trainieren Sie Ihr **Ausdrucksvermögen.** Viel Vergnügen dabei!

Der Ton macht die Musik!

Betonung

Im Gespräch erschließt sich der Sinn einer Aussage erst mit der »richtigen« Betonung.

Betonung meint hier nicht nur die Artikulation harter Konsonanten oder die Dehnung von Vokalen, sondern ganz allgemein die Färbung, den Charakter, den Sie Ihrem Text verleihen.

Ist es Ihnen schon einmal passiert, daß Sie sich nach einem hitzigen Gespräch korrigieren mußten, weil Sie es »anders gemeint« hatten?

Besonders anfällig dafür sind gewöhnlich »emotional« angespannte Situationen, z.B. ein Streit: *»Du hast gesagt, daß …* (eigenen Text einfügen).« *»Nein, habe ich nicht!« »Aber gemeint hast du's!«*

Das, **was** gemeint ist, wird erst klar durch die **Art, wie wir etwas sagen:**

- ***Paraverbal*** *– Stimmlage, Intonation, Sprachrhythmus, Melodie usw.*
- ***Nonverbal*** *– Mimik und Gestik.*

Sie trainieren:

Sensibilität für die eigene Stimme

Tempo und Rhythmus halten oder gezielt variieren

Unterschiede in der Artikulation heraushören, erkennen und einsetzen

Die Stimme kennen- und variieren lernen

Sie benötigen:
»Der Kapitän« (TK 5)
aus den »Sieben Geschichten«
und einen Kassettenrecorder

Es geht in diesen Übungen nicht darum, die »richtige« Interpretation herauszufiltern, sondern Ihren Ausdruck möglichst vielfältig zu trainieren.

Übung 2-1 **Lesen/sprechen Sie den Text »Der Kapitän« ganz normal**

Tragen Sie ihn so vor, wie es Ihnen, ganz **individuell und subjektiv**, entspricht. Ohne besondere Emotion, ohne sich um irgendetwas zu bemühen, ohne eine besondere Stimmung transportieren zu wollen. Und: Zeichnen Sie den Vortrag auf. Das dient als »Referenzmodell«.

Übung 2-2 **Leise vortragen**

Ihre Stimme sollte auch in leisen Passagen (bis in die hinteren Ränge) tragen. Leise bedeutet nicht, daß nur Ihr unmittelbares Umfeld Sie versteht. Achten Sie hier besonders auf eine **entspannte, aufrechte (Ober-)Körperhaltung**. Sonst passiert es, daß Sie flach atmen und sich Ihrer **Resonanzräume** berauben. Artikulieren Sie Vokale und harte Konsonanten deutlich.

Übung 2-3 **Tragen Sie den Text mit lauter Stimme vor**

Vorsicht! Wann immer wir lauter werden, neigen wir dazu, auch **schneller zu werden. Und schlampiger.**

Übung 2-4 Stimmlage verändern

Variieren Sie die Tonhöhe. Sprechen Sie einmal den gesamten Text **mit hoher Stimme.** Dann nur einen der Dialogpartner. Dann **mit sehr tiefer Stimme.** Dann den einen Dialogpartner hoch, den anderen tief. Haben Sie Mut zum spielerischen Umgang mit dem Text!
Auch wenn es nicht Ihrer Originalstimme entspricht (und Sie es in der Praxis nicht so explizit anwenden werden), kann diese Fertigkeit sehr hilfreich sein, wenn Sie zitieren, mit Geschichten, Metaphern oder mit direkten Reden arbeiten.

Übung 2-5 Mono Ton

Leiern Sie den Part des »Kapitäns« (wechselweise die Antwort) **monoton und in immer gleicher Geschwindigkeit** runter. Vergessen Sie nicht, den Dialog aufzuzeichnen!
Sie werden feststellen, daß Sie dadurch dieser Person einen ganz **bestimmten Charakter** verleihen! Wie wirkt der Käpitän jetzt und im Vergleich zu den anderen Übungen auf Sie?

Übung 2-6 Schnell – langsam

Lesen Sie den Text (zu) schnell und dann (zu) langsam. Variieren Sie den Kapitän und die Antwort.

Spielmöglichkeiten

Übung 2-7 **Weitere Variationen**
Sprechen Sie eine der Stimmen **»gepreßt«, tonlos.**

Brüllen Sie den Dialog **mittels Megaphon von Schiff zu Schiff!** (Ahmen Sie dabei den näselnden Ton nach.)

Flüstern Sie den Text.

Übung 2-8 **Drei weitere Ideen?**

Übung 2-9 **Das beste Training der Welt:**
Lesen Sie Ihren Kindern Geschichten vor. Kinder sind kritische Zuhörer (mein Sohn jedenfalls). Sie sind schon erwachsen? Lesen Sie Ihrem Partner, Ihrer Katze oder sich selbst im Spiegel vor.

Fürs Seminar

Paare, Kleingruppen
Die Teilnehmer lesen sich die Texte paarweise vor: normal, schnell, leise, hoch, ... Daran anschließen könnte ein ...

Vortrag
(vor der ganzen Gruppe): Verteilen Sie zu den Texten Arbeitsaufträge wie oben. Es kann sich auch um einen einzigen Text handeln. Das kann spannend sein – etwa um Unterschiede besonders deutlich zu machen.

Pausentechnik:
Pausen an Stellen, an denen ...

In der Schriftsprache wird die Sache mit den Pausen durch die Interpunktion geregelt. Sie sorgt für Struktur und erschließt das Verständnis.

Ein allzu leichtfertiger Umgang mit der Interpunktion kann dramatische Folgen haben:

Das Telegramm eines französischen Kommandanten an den Vorposten, der die Festnahme eines Feindes meldete*:

»*Komme nicht hängen.*« Was nun:
»*Komme, nicht hängen*« oder:
»*Komme nicht, hängen*« ???

** behauptete jedenfalls mein Deutschlehrer ...*

... eigentlich keine Pausen sind.

Sie können bestimmte **Passagen durch die Verwendung von Pausen wirkungsvoll markieren**. Politiker lieben diese Kunstpausen und wissen um ihre Wirkung. Auch im Theater ist das Schweigen vor dem entscheidenden Satz ein wichtiges dramaturgisches Element.

Sie fragen sich vielleicht, ...

(kurze Pause)

... wie Sie alle diese Informationen am besten in Ihren Alltag integrieren ...

(kurze Pause)

... und sind in den nächsten Tagen überrascht, daß vieles von ganz alleine passiert.

Ein Beispiel:
An den mit »/« markierten Stellen machen wir gewöhnlich Pausen. Mehr oder weniger deutlich, mehr oder weniger lang:

Es ist doch so: / Viele Menschen glauben nach wie vor, / sie seien den Launen des Schicksals einfach ausgeliefert. / Sie grübeln und denken im Kreis. / Dabei ist es so einfach, / den inneren Schweinehund an die Leine zu nehmen / und ihm Auslauf zu gewähren. / Endlich Bewegung! / Endlich etwas zu tun!

Pausen an den Stellen, wo sie hingehören, **sind absehbar.** Absehbares **verliert an Spannung.** Deshalb: Setzen Sie Pausen **an Stellen, wo sie nicht hingehören** und auch nicht erwartet werden:

Es ist doch so: Viele Menschen glauben nach wie vor, sie seien den Launen des Schicksals / einfach ausgeliefert. Sie grübeln und denken im Kreis. Dabei ist es / so einfach, den inneren Schweinehund an die Leine zu nehmen und ihm / Auslauf zu gewähren. Endlich Bewegung! Endlich etwas zu tun!

Übung 2-10 Pausen (ver-)setzen

Sie benötigen:
die »Sieben Geschichten« (TK)

Stellen Sie fest, an welchen Stellen üblicherweise Pausen plaziert werden und setzen Sie sie an eine andere Stelle. Tragen Sie die Geschichten vor.

Sie verändern damit die Bedeutung einzelner Passagen, verleihen ihnen Nachdruck, heben Schlüsselstellen hervor. Und Sie sorgen mit diesem Kunstgriff für Aufmerksamkeit im Publikum.

Die »Pausentechnik« können Sie natürlich auch mit jedem beliebigen Text aus Zeitungen, Interviews oder Ihrer vorbereiteten Rede durchführen.

Gehen Sie sparsam mit den Pausen um, sonst wirken sie monoton.

In der Praxis gehen Betonungen im sprachlichen Ausdruck meist mit nichtsprachlichen Äußerungen einher. Der Fachterminus dafür lautet: (kurze dramaturgische Pause) …

Betonung durch nichtverbalen Ausdruck

... Analoges Markieren

Die Parameter Sprechtempo, Stimmlage, Intonation, Sprachmelodie, Pausentechnik werden ergänzt durch:

Mimik, Gestik und die Veränderung der (eigenen) Position im Raum

Das führt uns zu den nächsten Übungen:

umfaßt den gesamten nicht-sprachlichen Ausdruck, also die paraverbale und die nonverbale Ebene:

In einem Satz wird ein bestimmtes **Wort oder ein Satzteil durch nonverbales Verhalten** (eine bestimmte Gestik, Veränderung der Stimmlage, des Sprechtempos oder der Intonation, andere Position im Raum usw.) **besonders hervorgehoben**.

Übung 2-11 **Mimik und Gestik variieren**

Sprechen Sie den »Kapitän« mit **ausladenden Gesten**, fuchteln Sie herum, als wollten Sie Hühner verscheuchen.
Dann ganz **beruhigend,** als müßten Sie Raubtiere im Zaume halten.
Dann mit der Inbrunst der Entschlossenheit, **ballen Sie eine Faust** ...
Dann ...

Übung 2-12 **Position im Raum verändern** (s.a. **»Kurz und bündig!«**, S. 26)

Ein vielseitiges dramaturgisches Element! Es sorgt für **Aufmerksamkeit, betont** einzelne Passagen (die werden nachhaltiger gemerkt) und bringt Lebendigkeit in Ihren Vortrag.

Im Beispiel könnten Sie zwei verschiedene Positionen für die beiden Antagonisten wählen. Und in Verbindung mit »laut – leise«, Variationen der Stimmlage und dem Einsatz mimischer und gestischer Elemente eine spannende Sequenz gestalten!

Übung 2-13 **Sieben mal zwölf = vierundachtzig**

Die 12 vorgestellten Übungen können Sie mit jeder der »Sieben Geschichten« durchführen. Spielen Sie damit unter Einsatz aller sprachlichen und nicht-sprachlichen Elemente!

Dieses Kapitel eignet sich hervorragend zum Training der

Flexibilität
Selbstsicherheit
Kreativität
Intuition
des Reaktionsvermögens
des Einfallsreichtums

Geschichten erfinden

Manche Menschen meinen ja, sie könnten das nicht, hätten das noch nie gekonnt und werden es auch nie können. Tatsächlich brauchen Sie überhaupt nichts lernen, im Gegenteil:

Lassen Sie das Bestreben weg, eine *gute* Geschichte zu erfinden. Lassen Sie die Bedenken weg, es könnte *langweilig, wirr, doof, inkompetent, unstrukturiert*, ... wirken. Sie machen die folgenden Übungen nur für sich – und werden ganz von selbst lockerer, kurzweiliger, stimmiger, ... erzählen. Machen Sie es sich leicht und wählen Sie zum Einstieg die Stufe, bei der Sie sich wohlfühlen:

1. Gehen Sie die ausgewählte Geschichte in Gedanken durch. So oft Sie wollen.
2. Sprechen Sie die Geschichte laut.
3. Ziehen Sie eine Person Ihres Vertrauens hinzu.
4. Testen Sie die Geschichte vor einem (ausgewählten) Publikum.

Sie benötigen:
Stift und Papier. TK »Headlines« (ggf. den Kassettenrecorder).

Ziehen Sie, ohne hinzusehen, eine der »Headlines«-TrainingsKarten.

Übung 2-14 Erfinden Sie eine Geschichte zur »Headline«

Nehmen Sie sich **einige Minuten Vorbereitungszeit.** Lassen Sie sich vom Titel inspirieren, fangen Sie die Bilder ein, **notieren** Sie sich einige Stichworte.

Egal, ob es eine Kriminalgeschichte wird oder philosophische Betrachtungen, eine wissenschaftliche Abhandlung oder Kurznachrichten, ...

Trainingsfeld Alltag 4

Das beste Training der Welt: *Erfinden Sie Geschichten für Ihre Kinder (Partner, Katze, Spiegel).*

Gemeinsam macht es mehr Spaß: Erfinden Sie die Geschichte zu zweit. Übernehmen Sie jeweils durch Blickkontakt die Erzählerrolle und seien Sie gespannt, wo die Geschichte Sie hinführt.

Das geht auch zu dritt, zu viert, zu fünft, …

Übung 2-15 Tragen Sie die Geschichte vor

Verleihen Sie ihr Charakter – der Ton macht die Musik! Nutzen Sie die Musikstücke der beiliegenden CD, um sich das entsprechende Gefühl zu holen.

Übung 2-16 Ziehen Sie eine weitere »Headline« …

Nach einigen Wiederholungen wird es Ihnen keine Schwierigkeiten mehr bereiten, Geschichten zu erfinden.

Na dann:

Übung 2-17 **Aus dem Stegreif!**

Ziehen Sie – ohne hinzusehen – eine TK aus dem Stapel der »Headlines« und erfinden Sie aus dem Stegreif die Geschichte dazu!

Der Inhalt der Geschichte ist nebensächlich. Lassen Sie sich bloß nicht davon beirren, daß die Geschichte Nonsens sein könnte. Na und? Sie trainieren Ihr Ausdrucksvermögen!

Fürs Seminar

Zum Einstieg in das »Geschichten erfinden«

Sesselkreis

Erzählen Sie von der Herkunft Ihrer Gürtelschnalle (Tasche, Schuh, Kugelschreiber, ...). Eine geheimnisvolle Geschichte, die in den alten Orient führt, zu einem kleinen ... ***Stop!*** *Unterbrechen Sie an einer spannenden Stelle und bestimmen Sie jemanden, die/der die Geschichte weiterführt. Und sie wiederum irgendwann weiterreicht – bis alle dran waren.* ***Übung mit vielen Beobachtungsebenen!***

Zur Abrundung: zwei Übungen mit allem Drum und Dran

Stellen Sie zum Abschluß dieses Teils in zwei sehr unterschiedlichen Übungen unter Beweis, was Sie mittlerweile alles können:

Übung 2-18 **Ohne Wenn und Aber!**

Nehmen Sie die **TK 6 »Ohne Wenn und Aber!«** von den »Sieben Geschichten«. Maximal 3 Minuten Vorbereitungszeit.
Tragen Sie den Text so vor, daß Sie dabei kompetent und glaubwürdig wirken. Sie werden erstaunt sein, wie plausibel der Text plötzlich klingt.

Übung 2-19 **Traumreise**

TK 8 »Traumreise« von den »Sieben Geschichten«. Idealerweise führen Sie diese Übung wechselweise zu zweit oder mit einer Gruppe durch. Schaffen Sie im Vorfeld eine entspannte, vertrauensvolle Atmosphäre (auch dafür sind Sie als Vortragende/r zuständig).
Anmerkung: Der Text im Beispiel TK 8 orientiert sich an einer Seminarsituation. Adaptieren Sie ihn ggf. für Ihren Rahmen.

Der Ton macht die Musik!
Para- und nonverbale Ebene

Mit den Werkzeugen der paraverbalen Ebene steigern Sie Ihre Gestaltungsmöglichkeiten enorm!

Einer wandlungsfähigen Stimme schenkt das Publikum gerne Aufmerksamkeit.
Die Pausentechnik unterstützt Sie, Passagen besonders hervorzuheben.
Die Veränderung der Position erlaubt vielfältige dramaturgische Möglichkeiten.
Mimischer und gestischer Ausdruck gestaltet Ihren Vortrag kurzweilig und abwechslungsreich.
Geschichten erfinden fördert Flexibilität und Selbstsicherheit für die Bühne.

Gefühle

Authentizität, Stimmigkeit, Kongruenz

Von Fröschen und von Demagogen

Ich habe Froschkonzerte gehört und Predigten,
sich einschwörende Sportmannschaften, demagogische Hetzreden
und entspannende Traumreisen, ...

... authentisch vorgetragen mit ein und demselben Text.
Sind Sie bereit?

Die authentische Darstellung von Gefühlen verlangt gewissenhafte Feldforschung.

Gefühl: »Angst«.

Gefühle ... darstellen

Ein Wort – ein Satz – eine Geschichte ... und viele Nuancen

Dieses Übungsfeld **schließt an das Analoge Markieren (S. 54) an.** Der Fokus liegt aber nicht mehr auf dem Training einzelner Komponenten, sondern auf der komplexen **Darstellung von Gefühlen.**

Sie schlüpfen also in eine Rolle ...

Übung 3-1 **Ein Wort**

Alltag: Wir sagen, rufen, flüstern, zischen oder hauchen liebevoll den Namen unseres Partners (unserer Kinder): **Ein einziges Wort in vollkommen verschiedenen Ausdrucksformen** mit entsprechend unterschiedlicher Bedeutung.

Wählen Sie einen **Namen** und variieren Sie ihn: Sprechen Sie ihn **normal** aus. Jetzt **verliebt. Verärgert. Zynisch. Flüstern** Sie ihn. Bersten Sie vor **Wut! Erfreut. Angeekelt. Erstaunt.** ...

Achten Sie darauf, wie sich mit unterschiedlicher Lautstärke, Geschwindigkeit usw. Ihr gesamter mimischer und gestischer Ausdruck verändert.

Vorschläge fürs Training

Sprechen Sie den gewählten Namen ...

gelassen
verärgert
heuchlerisch
fröhlich
depressiv
enthusiastisch
besorgt
verliebt
böse
geheimnisvoll
entschlossen
sicher
enttäuscht
verunsichert
Was fällt Ihnen noch ein?

»Gefühle«

Wenn es nicht sofort klappt ...

... z.B. »verliebt«:

Erinnern Sie sich, als Sie verliebt waren? Gab es einen bestimmten Moment, der Ihr Herz heute noch laut pochen läßt? Genießen Sie die Erinnerung ... und gehen Sie in dieser Stimmung an den Text.

Bei den anderen Gefühlen gehen Sie genauso vor.

Übung 3-2 Ein Satz

Stecken Sie diese **Gefühle in ganze Sätze:**

»*Morgen fahre ich in Urlaub*« gewinnt jeweils eine völlig andere Bedeutung, wenn Sie den Satz jemandem freudig zuflüstern oder verärgert um die Ohren hauen. Einige Beispielsätze:

»Hast du das verstanden?«
»Was ich zu sagen habe, ist mit wenigen Worten getan.«
»Als Vortragender haben Sie die Fäden in der Hand.«
»Ich bin gespannt, welche verborgenen Fähigkeiten noch in dir schlummern.«

Finden Sie drei weitere Beispiele!

Übung 3-3 **Eine Geschichte**

Sie benötigen:

TK 1 »Habt Ihr das verstanden?« von den »Sieben Geschichten«

Es gelten die gleichen Spielregeln wie vorhin. Schlüpfen Sie in ein Gefühl und tragen Sie den Text vor. Wechseln Sie in ein anderes Gefühl und tragen Sie den Text nochmals vor. Der Text gewinnt unter Umständen eine völlig andere Bedeutung. Wechseln Sie das Gefühl erneut ...

Für die Praxis: Gefühle sind ansteckend! So oder so.

Fürs Seminar

Verwenden Sie für diese Übungen (Wort, Satz) verschiedenfarbige Schaumstoffbälle, die sich die Teilnehmer (zu zweit, in der Gruppe) zuwerfen:

Bahn und Geschwindigkeit der Bälle zeigen sehr anschaulich, ob ***präzise kommuniziert*** *wird: Trifft der Ball? Konnte er aufgefangen werden? usw.*

Darüber hinaus läßt sich beobachten, ob Ärger, Freude usw. ***kongruent kommuniziert*** *werden.*

Mit Musik ...

Die RYSH!-CD erleichtert Ihnen den Einstig in bestimmte Gefühle und Rollen. Wählen Sie das Stück, das am ehesten Ihrem intendierten Gefühlszustand entspricht und lassen Sie sich hineintragen.

Mit den Stücken können Sie auch den schnellen Umstieg von einem Gefühlszustand in einen anderen trainieren.

... geht alles leichter!

Übung 3-4 »Fine tuning 1« – schlüpfen Sie in eine Rolle ...

... z.B. in die eines **Sporttrainers** und schwören Sie Ihre Mannschaft ein.

Seien Sie ein **Tyrann**, der die Welt beherrschen will.

... ein liebevoller **Elternteil**, der zu seinen Kindern spricht.

... das **Lieblingsplüschtier** Ihrer Tochter.

Leiten Sie als Vorsitzender eine Aktionärsversammlung, als Prediger eine Messe, als Moderator eine Talkshow, ...

Übung 3-5 **»Fine tuning 2« – noch feinere Nuancen: Variieren Sie eine einzige Rolle ...**

... z.B. die eines Lehrers:
- seien Sie ein strenger Lehrer
- ein engagierter Lehrer
- ein unsicherer Lehrer
- ein enttäuschter Lehrer
- ein erfreuter Lehrer ...

- ein konfuser/selbstsicherer/betrunkener/enthusiastischer/ ... Wissenschaftler/Polizist/Manager ...

Die Möglichkeiten reichen soweit wie Ihre Phantasie ...

Fürs Seminar

Diese Übungen lassen sich auch hervorragend für Kleingruppen einsetzen:

Verteilen Sie mit den Geschichten (oder mit einer einzigen!) den Auftrag, diese »verärgert«, »begeistert«, deprimiert« usw. vorzutragen. Wahlweise in vorgegebenen Rollen. Accessoires freigestellt.

Vorbereitungszeit: 20 Min.
Vortragsdauer: 1 bis 2 Min.

Seien Sie gespannt auf die Reaktionen des Publikums!

Übung 3-6 Sieben Musikstücke – Sieben Geschichten

Sie benötigen: TrainingsKarten »Sieben Geschichten«, Audio CD

Ordnen Sie jeder der »Sieben Geschichten« ein entsprechendes Musikstück der CD zu (Nr. 2 »Mächtig« bis Nr. 8 »Streß«), lassen Sie sich in Stimmung bringen und tragen Sie die Geschichten vor.

Und dann:

Übung 3-7 Kombinieren

Sie können **jeden der Texte mit jedem Musikstück** kombinieren. Damit eröffnen sich neunundvierzig Trainingsmöglichkeiten. Lesen Sie z.B. den Kinderreim im Stile der »Spieluhr« (Titel 3). Danach »Böse« (Titel 4) oder völlig »Busuki« (Titel 7). Das funktioniert!

Variation: Stellen Sie sich vor, Sie sind ein Radiosprecher. Lassen Sie die Musik während des Vortrages im Hintergrund laufen.

Übung 3-8 **Proben in »Echtzeit«**

Sie benötigen:
TK »Headlines«

Ziehen Sie eine beliebige **Headline**. Blättern Sie zurück auf Seite 65 und tippen Sie, ohne hinzuschauen, auf einen der **Gefühlsbegriffe in der rechten Spalte.**
Erfinden Sie dazu eine Geschichte aus dem Stegreif und tragen Sie sie ohne jede Vorbereitung im entsprechenden Gefühlszustand vor.

Fürs Seminar
kurz und bündig:

»Bühne« vorne
Theaterbestuhlung. Flipchart für TN nicht sichtbar hinter deren Rücken. Ca. 15 Gefühlsbegriffe drauf: verliebt, enttäuscht, ...

Ein TN (vorne) zieht eine Headline, Sie tippen mit dem Finger auf das Gefühl, in dem der Vortrag stattfinden soll.

Variation:
Der Gefühlszustand des Vortragenden variiert während des Vortrags.

Gefühle ... erzeugen

Das klingt kalt und funktionalistisch ... und: riecht nach Manipulation.

Nur: Ob wir wollen oder nicht, ob mit Vorsatz oder absichtslos – wir tun es sowieso. **Mit jedem Wort,** das ich an jemanden richte, **transportiere ich auch Emotionen.** Jede Begegnung ist von einem Gefühl zwischen mir und meinem Gegenüber/Publikum getragen, wenngleich dieses Gefühl nicht unbedingt identisch ist.

Auf der Bühne laufen die Fäden der Kommunikation bei Ihnen zusammen. Ihnen wird damit unausgesprochen ein »Vorschlagsrecht für Gefühle« eingeräumt. Und natürlich wollen Sie, der Situation angemessen, mitreißen, überzeugen, betroffen machen, aufrütteln, ... Sie wollen – vorsätzlich und absichtsvoll – bestimmte Gefühle erzeugen.

... Das riecht immer mehr nach Manipulation.

Das ist es auch. Manipulation ist die **»gezielte Einflußnahme auf Personen oder Gruppen ohne deren Wissen«**. »Ohne deren Wissen« bedeutet aber nicht von vornherein »gegen deren Willen«.

»Gute« Manipulation, »schlechte« Manipulation?

Manipulation ist nicht nur das, was Bierzeltdemagogen, politische und religiöse Hetzer tun. Es ist auch das, was ein behutsamer Arzt, ein Therapeut oder ein tröstender Elternteil tut. Von zwei Verliebten gar nicht zu reden ...

Lassen Sie uns den Begriff insofern wertfrei betrachten, denn erstens: Wir tun es! So oder so. Und zweitens: Ich unterstelle Ihnen die allerbesten Absichten dabei.

Hinweis:

Bei dieser Übung sind ***Rückmeldungen*** *darüber, was wann und wodurch induziert wurde, sehr hilfreich. Schließen Sie Feedback* ***unmittelbar an die Präsentation an,*** *solange die Eindrücke frisch sind!*

Orientieren Sie sich daran, was sich, ***sinnlich wahrnehmbar, ereignet hat:*** *»Wodurch wurde dieses Gefühl ausgelöst? Was genau hat der/die Vortragende gemacht? Was gesagt und wie?« Sonst verlieren sich Rückmeldungen in Spekulationen.*

Gefühle ... erzeugen

Gefühle sind ansteckend – sie reißen andere mit! Das Gefühl, aus dem Sie agieren, ist aber nicht zwangsläufig jenes, das Sie im Publikum erzeugen wollen:

Peinliche Versprecher auf der einen Seite führen manchmal zu Erheiterung auf der anderen Seite. Auch das Timing ist ausschlaggebend: Ein Witz, der zu lange strapaziert wird, ist nicht mehr witzig, sondern langweilig.

Die Fähigkeit, Zustände zu verändern, gehört zu den wirkungsvollsten Werkzeugen der Kommunikation überhaupt. Die Übung? Faszinierend!

Übung 3-9 Gefühle erzeugen

Sie benötigen: Zuhörer, TK »Headlines«

Ziehen Sie eine beliebige **Headline**. Erfinden Sie die Geschichte und tragen Sie sie so vor, daß mit Beendigung Ihres Vortrages das Gefühl der **Neugierde** in den Zuhörern verbleibt.

Nehmen Sie sich 20 Minuten oder mehr **Vorbereitungszeit,** definieren Sie Bühnen- und Publikumsraum. **Präsentation:** 1 bis ca. 3 Minuten. Danach: **Austausch.**

Variation:
Betroffenheit. Freude. Verwirrung. ...

Variation 2:
Ziehen Sie eine beliebige **Headline**. Tippen Sie, ohne hinzusehen, auf einen **der Gefühlsbegriffe** auf Seite 65.

Fürs Seminar

Kleingruppen.
Verteilen Sie »Headlines« mit dem Auftrag, ein bestimmtes Gefühl zu induzieren, z.B.: »Betroffenheit, Freude, Verwirrung, Euphorie« usw.

Vorbereitung: *ca. 20 Min.*
Präsentation: *1 bis 5 Min.*
danach: ***Feedbackrunde***

Mit dieser Übung werden oft tiefe Gefühle ausgelöst. Seien Sie behutsam, arbeiten Sie präzise und lassen Sie sich faszinieren!

Sprachliches Gestalten: Fazit

Jesus, Hitler, Gandhi und die Stones nutz(t)en die gleichen Kommunikationswerkzeuge und -strategien.
Die gleichen, die Sie sich mit diesem Training aneignen.
Die gleichen, die ich hier vorstelle.

Wir können nicht *nicht* kommunizieren.
Wir können nicht *nicht* manipulieren.
Aber wir können entscheiden, *wie* wir das tun.

Mit einer abschließenden Geschichte
bedanke ich mich für Ihre Aufmerksamkeit und
wünsche Ihnen von Herzen alles Gute!

Übrigens: Meine Freunde nennen mich ***Ringel***.

Himmel und Hölle

»Papa, wo ist die Hölle und wo ist der Himmel?« fragte der kleine SchweineHund. Papa nahm ihn an der Hand und führte ihn zu einer großen Eisentür. Sie betraten einen Saal, in dem sich bleiche, ausgemergelte SchweineHundgestalten um einen großen Topf voll heißer Suppe drängten. Alle versuchten, etwas davon abzubekommen – sie hatten lange nichts zu essen gehabt.

Der Kleine verstand das nicht, denn jeder hatte einen riesigen Löffel. Die SchweineHunde kämpften um die besten Plätze, einige verbrannten sich dabei die Arme oder das Gesicht und hatte einer endlich etwas ergattert, gelang es ihm nicht, den Löffel in den Mund zu schieben: Er war viel zu lang und viel zu heiß.

»Das«, sagte Papa SchweineHund, »ist die Hölle!«

Sehr frei nach: Nossrat Peseschkian »Der Kaufmann und der Papagei. –

Sie gingen und standen bald vor einer weiteren Eisentür. Der Saal, den Sie betraten, sah genauso aus, wie der vorhin. Auch hier waren viele SchweineHunde und in der Mitte stand ein großer dampfender Topf voll Suppe. Jeder hatte seinen riesigen Löffel in der Hand. Aber alle hier waren freundlich, gutgelaunt und – satt.

Jeweils zwei hatten sich zusammengetan. Einer tauchte den Löffel ein und gab dem anderen in aller Ruhe zu essen. Und umgekehrt.

»Und das«, sagte Papa SchweineHund, »ist der Himmel!«

Orientalische Geschichten als Medien in der Psychotherapie«

Liebe Leserin, lieber Leser!

Dieses Buch ist gewissermaßen »Bonusmaterial« zum PraxisTraining, aber RYSH! wäre einfach nicht komplett ohne: praktische und bewährte ***Regeln und Methoden.*** *Kurz und bündig.*

Und weil häufig Beschallungstechnik eingesetzt wird: ein Kapitel über den rückkopplungsfreien ***Umgang mit dem Mikrophon.***

Manches mag Ihnen bekannt sein oder »versteht sich von selbst«. Aber die Bühne ist ein besonderer Ort, und Nervosität tut oft ein Übriges ...

HOMO SAPIENS

Kurz & bündig!
Teil 1

Methoden und Strategien für die Bühne

Wie trage ich kompetent und kurzweilig vor?
Wie sorge ich für Nachhaltigkeit?
Was tun, wenn ich ins Schleudern gerate?
Wie bereite ich komplexe Inhalte verständlich auf?
Wie schaut eine Basisdramaturgie aus?
Und: Wie merke ich mir das alles?

Ganz einfach! ...

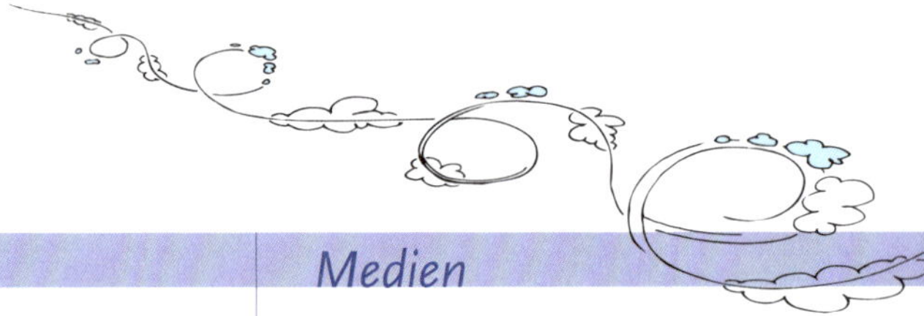

Los gehts!

Der erste Eindruck …

Mittendrin …

Medien

Gestaltung

Einsatz

Methoden

Allerlei Nützliches

Der erste Eindruck ...

»Fangen wir an!« – *ein Mißverständnis*

Wann immer Sie: »So, fangen wir an. Ich begrüße Sie herzlich zum ...« (oder eine Abwandlung davon) hören, ist die Sache meistens schon gelaufen. **Es hat längst angefangen.**

Es beginnt in dem Augenblick, in dem Sie auf der Bühne erscheinen/das Glas erheben/Ihre Absicht mit einem Räuspern kundtun/ ... in dem Moment ist alle Aufmerksamkeit bei Ihnen. In diesem Moment werden Sie beobachtet, analysiert und – in eine Schublade gelegt: *Ganz interessant. Sympathisch. Fachtrottel. Kompetent. Kurzweilig. Chaot. ...*

Dafür genügen Sekunden. **Erster Eindruck. Instinktiv.** Ihr Auftritt ist Ihr Auftritt, da gibt es kein Zurück mehr. Fangen Sie einfach an.

Wie Sie Lampenfieber vorbeugen und möglichen (Versagens-)Ängsten begegnen, erfahren Sie im Buch **»Basics + Coaching!«** ab Seite 59.

Erster Eindruck. Instinktiv.

*Die **Fähigkeit, eine Situation instinktiv und blitzschnell einzuschätzen** (sich also ein **Vorurteil zu bilden**), ist ein evolutionäres Erbe, das uns schon in der Zeit der Säbelzahntiger das Überleben sicherte. Meistens.*

Lächeln ist die charmanteste Art, dem Gegner die Zähne zu zeigen

Aufgemerkt!

Die Veranstaltung beginnt. Es ist unruhig, Raunen, »Oh, Verzeihung«, Stühlerücken, »Hallo!« ... Es ist wie in einem Orchestergraben beim Einstimmen. Und Sie sind der Dirigent. Schwingen Sie den Taktstock, versammeln Sie Ihre »Musiker«:

Lassen Sie Ihren **Blick langsam in Form eines »W« oder »M« durchs Publikum gleiten**. So fühlt sich jeder angesprochen, Sie tauschen einige freundliche Blicke aus und Sie bekommen die nötige **Aufmerksamkeit für den Start.**

P.S.: Merken Sie sich ein oder zwei freundliche Gesichter, vor allem, **wo** sie sitzen. Für später.

Die Sache mit dem Lächeln

Warum sind »Smilies« so beliebt?
Wieso grinsen Politiker auf Wahlplakaten?
Warum werden auch die Hartgesottenen unter uns bei einem Kinderlachen weich?

Lächeln stärkt. Lächeln schafft Nähe und Vertrauen. Lächeln weckt Sympathie.

Lächeln Sie. Nicht in erstarrter Maske und nicht in der »Gute-Miene-zum-bösen-Spiel«-Manier, sondern offen, freundlich und vor allem: ehrlich.
Sie tun Ihren Zuhörern etwas Gutes.
Und Sie tun sich was Gutes.

Im Übrigen wird dieser Augenkontakt den »ersten Eindruck« mitbestimmen.

»Bauch rein – Brust raus!«

Diese Haltung (genauso wie die »Habt-Acht-Stellung«) bringt Sie in ein äußerst labiles Gleichgewicht.

Physiologisch: *Ein leichter Stups schon kann Sie umwerfen.* ***Psychologisch:*** *Sie sind leichter beeinflußbar.*

Also: Aufrecht, aber die Beine und das Becken beweglich halten (hier ist das Zentrum der Kraft, wie asiatische Kampfsportarten lehren).

Starker Auftritt – Setzen Sie sich eine Krone auf!

So können Sie Ihre **Stimme und die gesamte Ausstrahlung fördern,** jederzeit und überall:

Setzen Sie sich eine **imaginäre Krone** auf. **Seien Sie König oder Königin!** Seien Sie Ihren Zuhörern gegenüber gelassen. Das können Sie sich leisten, in Ihrer Position.

Ihr Körper wird diesem Eindruck gehorsam folgen: Sie stehen, gehen, sitzen automatisch natürlich aufrecht und halten den Kopf in gerader Stellung – andernfalls würde die Krone nach hinten oder nach vorne verrutschen.

Verrückt? Aber es wirkt!

Aufmerksamkeit wiedererlangen

Im Verlauf eines Vortrags verliert sich manchmal die Konzentration der Teilnehmer ein wenig.

Wie gelingt es Ihnen nun am einfachsten, unaufwendigsten und am schnellsten, die volle **Aufmerksamkeit wiederzuerlangen?**

Vielen Dank für Ihre Aufmerksamkeit. Sie haben natürlich recht: **durch Fragen.** Stellen Sie Fragen. Zwischendurch. Das gibt belebende Impulse und aktiviert Ihr Publikum.

Die eigene Sicherheit wiedergewinnen

Es geschieht manchmal ganz schnell: eine kritische Bemerkung oder Frage aus dem Publikum und das Gehirn verallgemeinert sofort zur Katastrophe:

»Ich bin nicht gut!/komme nicht an/die nehmen mich nicht ernst …« Sie sind verunsichert, verlieren den Faden und die Freude an dem, was Sie gerade tun: *»Ich will weg von hier!«*

Eine Sofortintervention:

Suchen Sie Kontakt zu den »freundlichen Gesichtern«, die Sie beim »M« angelächelt haben. Das stärkt Sie unmittelbar.

Der erste Eindruck
»Fangen wir an!«

… der erste Eindruck – *instinktiv.*
»Wir haben schon angefangen!«

Auftritt ist Auftritt *und kein Zurück.*

Aufmerksamkeit für den Start:
Gewinnen Sie mit »M« oder »W«.

Lächeln: *stärkt Sie und Ihr Publikum.*

Aufmerksamkeit wiedererlangen:
Stellen Sie Fragen!

Sicherheit wiedergewinnen: *Ein freundliches Gesicht im Publikum hilft Ihnen.*

Folien, Poster, Charts und vergilbte Bilderrollen

Damals, auf dem Land, war vieles anders. Da hat kein Pädagoge »Ethik« unterrichtet, sondern der Herr Pfarrer – unser Herr Pfarrer – Religion.

Was den Nachteil hatte, daß der Notendurchschnitt starke Einbrüche erlitt, wenn jemand am Montag in der Religionsstunde nicht wußte, was er, der Herr Pfarrer, am Sonntag in der Kirche gepredigt hatte. Aber in diesen Stunden wurde mir eine allererste Ahnung davon zuteil, was schließlich zu diesem Buch geführt hat: Der Herr Pfarrer ist **meine früheste Erinnerung an absolut professionelle Präsentation.**

Nicht, weil er ein besonders guter Pädagoge gewesen wäre, sondern weil er als erster **professionelle Präsentationsmedien einsetzte: Bilderrollen.** Groß, schwer und leicht vergilbt. Üppig, bunt und detailverliebt. Der Herr Pfarrer hat uns eine Geschichte dazu erzählt und uns dann unserer künstlerischen Phantasie überlassen. Vielleicht wollte er einfach nur seine Ruhe haben.

Obwohl mich der Unterricht des Herrn Pfarrer nicht mehr als nötig in seinen Bann zog, habe ich **viele Erinnerungen** an diese Stunden: Sie waren **gefüllt mit großformatigen visuellen Eindrücken.**

Der Einsatz visueller Medien erlaubt den Verzicht auf ellenlange Erklärungen.

Bilder merkt sich unser Gehirn leichter, lieber und länger. Und das **können Sie nutzen.** Um Variationen zum Thema »Zeichnen konnte ich noch nie« gleich zu begegnen, hier ein paar einfache **Hinweise zur erfolgreichen Gestaltung.**

Das Folgende gilt gleichermaßen für die Gestaltung von Overheadfolien, (Lern-)Poster, Charts oder computergestützten Präsentationen:

Foliengestaltung: *kleine Häppchen*

Setzen Sie maximal fünf bis sechs Informationseinheiten auf eine Folie. Dies wirkt:

Informationseinheit *bedeutet z.B. eine Überschrift, ein (in wenigen Worten ausgedrücktes) Thema, ein kurzer Satz.*

Erläuterungen, Weiterführungen, Hintergrundinformation usw. ***folgen mündlich.***

1. Physiologisch

Sieben auf einen Streich: Der Kurzzeitspeicher unseres Gehirns faßt, ohne Verwendung von Eselsbrücken – pardon:

mnemotechnischer Hilfen (dieses Buch, S. 75) –, etwa sieben Informationen auf einmal. Dann ist Schluß. Bei mehr Informationen kippen die am wenigsten merk-würdigen wieder raus.

2. Emotional:
Durch zu viele Informationen können sich Zuhörer überfordert und frustriert fühlen. Das führt zu unbewußten Abwehrreaktionen: Sie bemerken, daß sich der Ruhelärmpegel erhöht, Augenpaare unsicher umherwandern, ein hastiges »*Psssst!*« der erwartungsvollen Ratlosigkeit Ausdruck verleiht.

3. Prozessorientiert:
Die Aufmerksamkeit Ihres Publikums ist ab dem Moment, in dem Sie das Poster aufhängen, das Schaubild entrollen, den Overheadprojektor anknipsen, ebendort – und nicht mehr bei Ihnen. Und zwar so lange, bis alle Infoeinheiten gesehen, gelesen und verstanden sind. Je mehr Information, desto länger ist Ihr Publikum damit beschäftigt.

~~Sieben~~ Fünfzehn auf einen Streich

Es kann sein, daß Ihre Präsentation mehr als sieben Punkte umfaßt und Sie ohne Spickzettel vortragen möchten ...

Wie Sie Ihren Kurzzeitspeicher überreden, sich fünfzehn** (nur einmal gehörte) **Begriffe zu merken, erfahren Sie auf** **S. 40 in diesem Buch.

Thema vertiefen?

Der Klassiker von Josef W. Seifert: ***»Visualisieren, Präsentieren, Moderieren«.***

VERMEIDEN Sie VERSALIEN!

Beschränken Sie sich mit der Verwendung von **Versalien (GROSSBUCHSTABEN)** auf **Überschriften**, im Idealfall auf einzelne Wörter. Vermeiden Sie es aber auf jeden Fall, ganze Sätze versal zu schreiben.

VERSALIEN SIND NÄMLICH VIEL SCHWIERIGER ZU LESEN, ALS DIE »NORMALE GROSS- UND KLEINSCHREIBUNG«, WEIL SIE KEINE OBER- UND UNTERLÄNGEN HABEN (WIE Z.B. »g« ODER »d«).

Struktur durch Farben & Größen

Je mehr Informationen, umso wichtiger wird es, den Stoff zu strukturieren:

Betonen Sie Überschriften durch Größe, Unterstreichung, ..., heben Sie wesentliche Inhalte durch Farben, Balken usw. hervor. Markieren Sie Unterscheidungsmerkmale.

Wichtig! Helles Rot und Gelb sind schwierig zu lesen. Verwenden Sie dunkle Farben zum Schreiben und helle für Unterstreichungen, Balken usw.

Achten Sie bei Folien/Computerpräsentationen auf eine **ausreichende Punktgröße:** Überschrift ca. 28pt, Text 20pt.

Hinweis:
Es empfiehlt sich, benötigtes Schreibgerät zu überprüfen. Nach Möglichkeit ***vorher!***

»Punktgröße« (pt) = Buchstabengröße. Dieser Text hat eine Größe von 11pt. Zum Vergleich:

28pt ***20pt***

Mehr als 1000 Worte: ***Visualisieren***

Sie brauchen weder zeichnen können noch verursacht Visualisierung überbordenden Aufwand: Die haltbarsten Bilder sind die ganz einfachen.

Verwenden Sie zur Darstellung Ihrer Inhalte (vorgefertigte) Illustrationen, ausdrucksstarke Bilder, Fotos, Piktogramme, Statistiken, »Fieberkurven«, ...

Das erleichtert es Ihren Zuhörern, dauerhafte Assoziationen zu bilden.

Folien, Poster und Charts
Gestaltung und Einsatz

Kleine Häppchen:
Machen Sie es Ihrem Publikum leicht.

***Verschiedene Schriftgrößen** (Überschriften usw.) und **Farben** schaffen Struktur.*

Versalien (Großbuchstaben):
Nach Möglichkeit vermeiden.

Visualisieren:
Ein Bild sagt mehr als 1000 Worte.

Einsatz:
Halten Sie (Augen-)Kontakt.
Verwenden Sie die Themen/Überschriften als »roten Faden« – wiederholen Sie nicht Wort für Wort.

Zwischenbilanz:
Aus Platzgründen schon an dieser Stelle – die folgende Doppelseite ist hier bereits mit aufgenommen.

Beim Einsatz von Flipcharts, Folien ...
... Kontakt halten, Interesse bewahren

Dann und wann werden Sie etwas auf eine Flipchart schreiben. Dabei werden Sie sich der Flipchart zuwenden. Solange Sie schreiben, jedenfalls.

Schauen Sie zwischendurch (z.B. nach jedem Satz/jeder Information) **zu Ihrem Publikum, damit der Kontakt bestehen bleibt.** Das gilt natürlich auch für vorgefertigte Folien: Sprechen Sie mit Ihrem Publikum, nicht mit der Wand.

Ob vorbereitete Folie oder frisch an die Chart notiert: **Wiederholen Sie nicht Wort für Wort, was ohnehin draufsteht.** Ihr Publikum hat das nämlich – abhängig von der Sitzposition mit mehr oder weniger körperlichem Einsatz – gerade eben gelesen.

Gehen Sie vielmehr so vor, daß Sie Ihre **Titel/Überschriften als »roten Faden«** verwenden, an dem Sie sich orientieren.

Erzählen Sie etwas zu den einzelnen Themen, **schmücken Sie aus, erläutern** Sie, bringen Sie **Metaphern oder Beispiele** aus dem Alltag ein.

Das hält Ihr Thema frisch und interessant und verleiht zusätzliche Würze.

*Diese Vorgehensweise hat einen **weiteren Vorteil:***

*Indem die **Themen temporär sichtbar im Hintergrund** bleiben (aufgehängt, projiziert), **verknüpfen** Ihre Zuhörer sie unmittelbar **mit den neuen Informationen**, ordnen ein, speichern ab. Und behalten das, was Sie vermitteln möchten.*

Dramaturgie – Spannungsbogen

Feste Regeln für den Aufbau einer Dramaturgie gibt es nicht. Sie ist abhängig von den Rahmenbedingungen der Veranstaltung, den Zielen, Erfahrungen und Vorlieben des/der Vortragenden, den eingesetzten Medien usw.

Es gibt allerdings einige praktische Hinweise und eine modellhafte »Basisdramaturgie«, auf die Sie jederzeit zurückgreifen können:

Ihr Vortrag folgt idealerweise einem **(nachvollziehbaren) Aufbau.** Das hat neben **Verständlichkeit** den Vorteil, daß Sie **nicht so leicht ins Stocken geraten** oder aus dem Konzept gebracht werden.

Basisdramaturgie

1. Auftritt: Wecken Sie Interesse, erzeugen Sie Spannung
Das können Sie mit einer Metapher, einem Zitat, einem kernigen Statement, einer »headline«, einer (provokanten; rhetorischen) Frage usw. tun. Hüten Sie sich aber vor Witzen und Schenkelklopfern.

2. Einführung/Hauptteil: Worum geht's? – Orientierung und Ablauf
Erläutern Sie kurz die Rahmenhandlung, den Sachverhalt.

3. Hauptteil: Argumentieren Sie Ihr Anliegen/Produkt/ ...
Hard facts. Argumentieren, Visualisieren.

4. Hauptteil/Abrundung: Veranschaulichen Sie mit Beispielen
Ziehen Sie Vergleiche, Analogien, Beispiele aus Ihrem eigenen Leben heran, würzen Sie mit Geschichten, ...

5. Abschluß: Appell
Die Zuhörer wollen etwas von Ihnen. Sonst wären sie nicht da. Aber auch Sie wollen etwas von Ihren Zuhörern: Appell meint die abschließende Handlungsaufforderung, die Sie an Ihr Auditorium richten.

Räume im Raum

Ist Ihr Bühnenraum groß genug, dann können Sie spezifische Inhalte noch klarer strukturieren, indem Sie sie an verschiedene Orte plazieren.

Machen Sie's wie die alten Goldgräber und stecken Sie (unsichtbare) Claims ab: **Definieren Sie »Räume im Raum«.**

Ich gehe dabei meist so vor, daß ich an einer bestimmten Stelle der Bühne **Wissensstoff** vermittle, also z.B. beim Pult oder bei der Flipchart.

Von einem anderen Platz aus gebe ich Hintergrundinformationen, ergänze durch Beispiele, Geschichten, Metaphern.

An einer dritten Position leite ich Übungen an und ich setze mich gegebenenfalls an einen definierten vierten Ort (z.B. ein leerer Stuhl im Sesselkreis), wenn ich Fragen beantworte.

Die Teilnehmer/Zuhörer **strukturieren** die Inhalte **auf unbewußter Ebene** automatisch und sie haben **stärkere Erinnerungsbilder**, weil sie sie mit unterschiedlichen »Bühnenbildern« assoziieren können.

Nutzen Sie den Bühnenraum. Auch, wenn Sie nicht viel Platz zur Verfügung haben und wenn es »nur« ein Vortrag ist.

Loops – Wiederholschleifen

Wir lernen durch **Wiederholung**. Je öfter wir uns Informationen wieder holen, um so leichter werden sie **abgespeichert und integriert**. Werbeleute wissen das. Politiker wissen das. Trainer wissen das.

Die Werbung arbeitet mit Penetration, Politiker mit freundlicher Unterstützung **Erickson'scher Sprachmuster** und Trainer arbeiten mit allem, dessen sie habhaft werden, soweit die Phantasie reicht.

Was sind nun »Loops«?: **Loops** (»Wiederholschleifen«) sind **Wiederholungen von Informationen in immer neuer »Verkleidung«**. Idealerweise in einer Art, in der das Publikum die Wiederholung nicht bewußt wahrnimmt.

Beispiel: Sie halten einen mehrstündigen Vortrag. Setzen Sie hier ein Thema Ihrer Wahl ein und gehen Sie die folgenden Vorschläge mit diesem Thema langsam durch: Damit Ihre Zuhörer möglichst viel behalten, arbeiten Sie mit **Loops:**

Sie erzählen (als vergnüglichen/nachdenklich stimmenden/ ... Einstieg oder zum Abschluß) eine **Metapher.**

Sie ziehen zur Illustration **Beispiele aus dem Alltag** heran, oder erinnern sich an Menschen und Situationen aus Ihrem eigenen Erleben.

Loops werden auch in der Musik verwendet:

Eine Symphonie etwa stellt das Leitmotiv in der Exposition vor und modifiziert es (Loop) in der Durchführung, bevor es in der Reprise noch einmal (Loop) erklingt.

Loops werden natürlich auch in der aktuellen Rock- und Popmusik verwendet, dabei wird z.B. vom Computer ein Basisrhythmus erstellt, kopiert (»geloopt«) und über den gesamten Song gelegt.

Sie hängen **Poster** in den Raum (**Randstimuli;** dieses Buch, S. 34), auf die Sie im Laufe des Vortrages zu sprechen kommen.

Sie machen mit den Zuhörern eine Übung, ein Rätsel, stellen Fragen, lassen Ihr **Publikum selber aktiv** werden. Das erhöht die Aufmerksamkeit enorm!

Sie verwenden Flipchart/Overhead/... zur **Visualisierung.**

Sie schließen mit einer **Zusammenfassung** und erinnern an die wesentlichen Inhalte.

Sie verteilen **Handouts** mit einer Kurzfassung und einer Telefonnummer, unter der Sie zu buchen sind.

Und diese Box? Wiederholschleifen an jeder Ecke: Welche Funktion, meinen Sie, haben die **Comic-Strips** an der unteren Randzeile? Und die **Geschichten, Metaphern, Beispiele, Illustrationen und Zusammenfassungen?** Genau: Loops funktionieren auch in der Schriftform.

Bauen Sie Loops ein in Ihre Ausführungen. So viele wie möglich. So abwechslungsreich und unterhaltsam wie möglich. So »unerkannt« wie möglich.

Dekorieren für Fortgeschrittene

Lug und Trug!
Selbst dann, wenn Sie etwas ganz genau fokussieren, sich also darauf konzentrieren, kann es sein, daß Ihr Sehsinn Ihnen einen Streich spielt:

Wieviele Beine hat der Elefant?

Periphere Wahrnehmung

Sie nehmen mit Ihren Augen (unbewußt) mehr wahr, als das, was Sie gerade fokussieren. Dieses Wort zum Beispiel. Im selben Moment »sehen« Ihre Augen aber mehr. Das können Sie für Vortrag oder Seminar nutzen.

Zur Veranschaulichung: Lassen Sie Ihren Blick nach dem Lesen dieses Absatzes für einen Moment auf dem Bild rechts ruhen. Beobachten Sie, was Sie an den »Rändern« Ihres Gesichtsfeldes noch erkennen. Und was Sie noch erahnen. Und wo die Grenze ist.

Jetzt nicht mehr weiterlesen. Jetzt ruhen.

Das, was Sie im **äußeren Gesichtsfeld erkennen und erahnen konnten, ohne hinzusehen**, ist der **Bereich der peripheren Wahrnehmung**. Alles, was sich in diesem Bereich abzeichnet, wird permanent »mitgesehen«, aber nicht bewußt registriert.

Der Gebrauch visueller Randstimuli

*Diese Idee stammt von **Georgi Lozanov,** dem Begründer der **Suggestopädie.***

*Er dokumentierte, daß der Einsatz peripherer Stimuli das **Lern- und Aufnahmevermögen** der Teilnehmer auf der unbewußten Kommunikationsebene **enorm fördert.***

Vielleicht ist Ihnen das von Seminaren bekannt: Poster an den Wänden, Bilder, Metaphern, allerlei Dinge am Boden oder sonstwie im Raum drapiert.

Durch meist künstlerische, farbige Gestaltung von Lernpostern (z.B. durch die **Verknüpfung linguistischer Inhalte**, also der Wörter, **mit Bildern** – Landschaftsbilder, Kulturszenen, Phantasiegemälde) **werden unsere beiden Gehirnhälften angeregt, zusammen zu arbeiten**: Hemisphärensynchronisation.

Fürs Seminar:

Lassen Sie **»den Raum mitwachsen«**: Sammeln Sie, was immer aus den Übungen entsteht (Flipchartbögen, Bilder, »Bühnenelemente«, verwendete Accessoires usw.) und dekorieren Sie damit den Raum. **Durch diese Symbole bleiben Ereignisse und Gefühle lebendig und wirken als positive Verstärker:** Lachen, Herzklopfen, magische Momente, Begegnungen, Stolz auf die eigene Arbeit, ...

Anders als beim suggestopädischen Training ist es hier durchaus förderlich, daß die Symbole nach und nach an Attraktivität verlieren. Sie werden, weil bekannt, nicht mehr bewußt wahrgenommen, **bleiben aber im peripheren Bereich präsent** (und werden »mitgedacht«).

Die Hinweise entstammen dem »Gern-Lern-ABC« im schönsten Erlebnis-Lern-Spielbuch über die fünf Sinne, das es gibt!

»Das macht Sinn!« *von* ***Susanne Erhart &*** ***dem Christian Tschepp*** *(Junfermann)*

Wasser marsch!

Ölen Sie Ihre Nervenleitungen

Unser Gehirn besteht aus **zwei Hälften (Hemisphären)**, die durch Nervenfasern **miteinander verwoben** sind. Zwischen den Nervenenden befinden sich kleine Spalten **(Synapsen)** und jede Information muß über Millionen dieser Spalten hüpfen (Synapsensprung).

Dabei kann es passieren, daß eine Botschaft »hängenbleibt« (Sie vergessen etwas, stocken im Vortrag, ...). Die Informationen hüpfen reibungslos, wenn die **Nervenbahnen gereinigt und geölt sind: durch klares Wasser.**

P.S.: In Ihrem Gehirn befinden sich ca. hundert Milliarden

Schmieren Sie Ihre Stimmbänder

Wasser ölt nicht nur Ihre Leitungen im Gehirn, sondern »**schmiert« auch Ihre Stimmbänder!**

Trinken Sie also immer wieder einen Schluck zwischendurch. Wenn Ihre Stimme anfängt zu kratzen, ist es fast schon zu spät.

(Alkohol ist nicht anzuraten, er fördert vielmehr das Kratzen im Hals. Einmal ganz abgesehen von den lingualen Hemmungen.)

Benennen Sie möglichst schnell die jeweilige Farbe *(nicht das Wort!):*

Gelb Orange Blau Rot
Grün Violett Schwarz
Blau Gelb Rot Schwarz
Orange Grün Violett
Grün Gelb Blau Rot

Links-Rechts Konflikt:
Die rechte Gehirnhälfte will die Farbe benennen, die linke Hälfte liest das Wort und spricht es aus.

*(100.000.000.000) **Nervenzellen, die ständig Informationen austauschen. Und gewartet werden wollen.***

Ressourcen: Magische Werkzeuge

Wenn ein Vortrag, Seminar o.ä. ansteht, neigen viele Menschen dazu, sich **von der Nervosität/Streß/Angst ganz und gar aufsaugen zu lassen.**

Da hilft kein: »Ist ja nicht so schlimm. Wird schon gehen ...«. Da helfen nur noch **»magische« Werkzeuge:** Solche, die unmittelbar so starke, schöne Gefühle auslösen, daß sie die Stimmen des Zweifels und der Angst übertönen. Davon haben wir eine ganze Menge, aber wir vergessen es in diesen Situationen gern:

das Foto eines geliebten Menschen; einen Glücksbringer; eine Zeichnung Ihres kleinen Schatzes; (schriftliche) Feedbacks aus vergangenen Seminaren; einen (Liebes-)Brief. Tragen Sie das magische Handwerkszeug bei sich, stecken Sie es in die Unterlagen, so, daß es Ihnen immer wieder begegnet und seine »magische« Arbeit tun kann.
Ich gehe dabei so vor:

Wenn ich ein Seminar vorbereite, beginne ich keineswegs mit Überlegungen zur Vorgehensweise. Das allererste, was ich tue, ist, mir **Ressourcen zu schaffen, um schon im Vorfeld für ein gutes Gefühl zu sorgen:**

Ich mache auf meinem »Vorbereitungsblatt« ein Zeitraster und notiere gut sichtbar: »Glücklich nach Hause fahren zu ...« (Partner/in, Kind, Freunde, ... Menschen, auf die ich mich freue). Und dann lasse ich mich verzaubern von diesen wohltuenden Gefühlen ... Und dann erst gehe ich an die Vorbereitung (auf dem gleichen Blatt).

Weil: Ganz egal, wie nun die Veranstaltung verläuft, ich habe – jetzt und danach – gute Gründe, glücklich zu sein. Wozu also der ganze Streß? Und ganz pragmatisch: Aus diesem ent-spannten Gefühl heraus kann ich das Seminar viel gelöster vorbereiten und durchführen. Das tut mir gut. Und den Teilnehmern auch.

Ressourcen: Alles im Kopf!

Hier noch etwas ganz und gar Praktisches für den **Vortrag ohne Spickzettel!** Ein äußerst effektives Visualisierungstraining, das außerdem die Gedächtnisleistung ganz allgemein fördert.

Vorweg ein Experiment – lesen Sie sich die folgenden Begriffe nur ein einziges Mal durch:

Salzstreuer • Nummernschild • Tannenzapfen • Baggerfahrer • Geburtstagsgeschenk • Regentonne • Wasserfall • Lebensfreude • Hochhaus • Vielfraß • Nashorn • Sonnensystem • Trockenblumen • Unterseeboot • Tonanlage

Und nun überprüfen Sie in Gedanken oder schriftlich, wieviele Begriffe Sie sich gemerkt haben. Buch zu!

Darf ich unterstellen, daß Sie sich nicht alle fünfzehn Begriffe gemerkt haben? Sie erinnern sich: Unser Kurzzeitspeicher faßt etwa sieben Positionen.

Ihr Vortrag beinhaltet möglicherweise aber mehr »Topics« und Sie wollen frei sprechen. Das geht ganz leicht! Wie, erfahren Sie auf der nächsten Seite.

Lernen Sie diese fünfzehn Schlüsselbegriffe auswendig. Stellen Sie sich das jeweilige Wort vor, bis Sie ein klares Bild haben.

Die Schlüsselbegriffe:

1. **ein einsamer Baum**
2. **Zweig** (alternativ: Zweisamkeit)
3. **Dreieck** (alternativ: Dreifaltigkeit; Dreimaster)
4. **ein Viertel Wein** (alternativ: Klavier)
5. **die fünf Finger – Hand**

6. **Sechs Richtige – Lottoschein** • (Sex gilt natürlich auch)
7. **Siebenschläfer** (alternativ: Gold aussieben)
8. **eine Achterbahn** (alternativ: Wachtel – der Vogel)
9. **Neunundneunzig Luftballons** (alternativ: Alle Neune!)
10. **Zehn kleine Negerlein – Parental advisory! Explicit lyrics!**

11. **eine Elfe** (alternativ: Elfenbeinturm der Wissenschaft)
12. **Zwölffingerdarm** (alternativ: Zwölf Apostel)
13. **Freitag, der Dreizehnte** (alternativ: »Die dreizehn Stühle« – Film)
14. **ein Glas Bier – vierzehntel Liter** (für Bayern und Ö: »EU-Halbe«)
15. **fünf Zehen – Fuß**

Sie sind jetzt in der Lage, sich **fünfzehn** (nur ein einziges Mal gehörte!) **Begriffe/Themen zu merken.** Sie können die Wörter aber auch **in beliebiger Reihenfolge** abrufen! So, wie Sie es für einen flexiblen Vortragsstil benötigen. Wollen Sie's gleich testen? Gern.

Sie wissen die fünfzehn Schlüsselwörter? Dann zurück zu den Begriffen: **Verknüpfen Sie das erste Wort** (Salzstreuer) **mit dem ersten Schlüsselbegriff** (einsamer Baum) **und kreieren Sie daraus ein Bild.** Lassen Sie Ihre Phantasie galoppieren! Lassen Sie Salzstreuer auf dem Baum wachsen oder machen Sie Bäume zu Salzstreuern. Je bunter, verrückter, im besten Wortsinn: merk-würdiger Ihr Bild ist, desto besser werden Sie es behalten!

Wiederholen Sie das mit dem nächsten Begriff: Verknüpfen Sie »Nummernschild« mit »Zweig«. Lassen Sie sich Zeit, bis das Bild »scharf« ist. Dann der dritte Begriff usw.

Und nun – schriftlich oder mündlich: Was haben Sie sich gemerkt? Anfangs dürfen Sie ruhig auf die Tabelle links schielen. Aber nicht auf die Begriffe der vorherigen Seite! Fertig – los!

Seien Sie geduldig mit sich!

Wenn Sie beim Visualisieren aus der Übung sind, kann es am Anfang ein wenig länger dauern. Aber nach ein paar Durchgängen klappt es ohne Schwierigkeiten.

Diese Technik kann nützlicherweise im Alltag trainiert werden, z.B. beim Einkaufen (ab jetzt ohne Einkaufszettel?).

Für Reden, Präsentationen und im Alltag sind fünfzehn Positionen gewöhnlich ausreichend.

Zu einfach? Na dann: Wie lautet das Wort Nummer sieben? Nummer zehn? Nummer drei? Nummer vierzehn? Neun? Eins? Erstaunlich, nicht?

Wenn es nicht sofort klappt:
Macht gar nichts! **Dies ist ein Visualisierungstraining und kein Wettbewerb.** Die Steigerung der Merkfähigkeit ist gewissermaßen ein »Nebenprodukt«. Im Seminar benötigen wir dafür etwa 45 Minuten. Nehmen Sie sich die Zeit.

Hier noch der ultimative Test für Fortgeschrittene mit abstrakten Begriffen:
Seekrankheit • Großzügigkeit • Falle • Kippfenster • Kompromiß • Verständnis • Autoreifen • Ideenreichtum • Bucheinband • Haushaltsdefizit • Pupille • Ratlosigkeit • Fortschritt • Schlafzimmerblick • Fußnote

Methoden

Sorgen Sie für einen ***logischen Aufbau,*** *dem die Zuhörer leicht folgen können.*

So verankern Sie Inhalte nachhaltig: Schaffen Sie ***Räume im Raum.***

Wir lernen durch Wiederholung – arbeiten Sie mit ***Loops (Wiederholschleifen).***

Nutzen Sie ***visuelle Randstimuli,*** *sie fördern das Lernen auf unbewußten Ebenen.*

Allerlei Nützliches

Sie haben ***»Alles im Kopf!«*** *– wenn Sie ohne Spickzettel arbeiten möchten.*

Wasser marsch! *Für Stimme und Nerven.*

Sofortintervention bei Nervosität und Angst: Nutzen Sie ***»Magische Werkzeuge«.***

Kurz & bündig!
Teil 2

Eins, zwei, Test! – MikrophonTechnik

Warum pfeift das Mikrophon?
Warum klingt meine Stimme plötzlich anders?
Wie stelle ich diesen Mikroständer ein?
Und wo ist ein Tontechniker?

Gelegenheiten, bei denen **Beschallungstechnik** ins Spiel kommt, gibt es reichlich. Fehlerquellen auch.

Auf die Bühne, fertig, los!

Die Werkzeuge:

Ein wenig Theorie:

Für die Praxis:

Die Werkzeuge

Launenhaft und unbarmherzig – das Mikrophon

Mikrophone gibt es in **verschiedenen Typen mit höchst unterschiedlichen** (und teilweise sehr sensiblen) **Charakteristiken**.

Das Mikrophon für die Baßtrommel, das Gesangsmikrophon, das Funkmikro für das Saxophon. Grenzflächenmikrophon für große Säle, Ansteckmikro für Sprachübertragungen; mit Sender oder Kabel, als dynamisches oder Kondensatormikrophon, ...

Keine Bange!

Im Folgenden finden Sie die für Sprachübertragung relevanten Mikrophone, also jene Typen, auf die Sie in verschiedenen Bühnensituationen treffen könnten. Das sind nicht viele.

Das »Dynamische« Mikrophon:

Dieser Mikrophontyp steht hauptsächlich **dort, wo es Live-Musik gibt.** Es wird vor allem als Gesangs- oder Instrumentenmikrophon (z.B. zur Abnahme von Gitarrenverstärkern) verwendet.

Das Kondensator-Mikrophon:

Kondensatormikrophone sind die hochwertigsten und am besten klingenden Mikrophone und werden vor allem in **Tonstudios** verwendet. Das sind die »Geräte«, die, gewöhnlich auf filigranen Drähten aufgehängt, in der Luft zu schweben scheinen.

Ansteckmikrophone (kabellos, über einen Sender gesteuert) finden Sie **vor allem im TV.** Sie sind meist am Kragen oder im oberen Brustbereich angesteckt. Der Vorteil dieser Mikrophone ist die Bewegungsfreiheit und der immer gleichbleibende Abstand zwischen Mikrophon und Schallquelle/Mund – vorausgesetzt, Sie drehen Ihren Kopf beim Sprechen nicht zur Schulter. Auf die Brust klopfen ist auch nicht gut.

Große Oper: Headset-Mikrophone werden vor allem auf **großen Bühnen** verwendet. Bei Schlagzeugern genauso beliebt wie bei Motivationstrainern, werden sie meist mit einem Bügel hinter dem Ohr befestigt und führen über ein biegsames Gelenk zum Mund.

»One, two,
one, two,
one, two.«
Jim Morrison

Sie sind im **Theater**, sehen kein Mikrophon und hören trotzdem, daß die Stimmen verstärkt werden? Keine Frage: **Grenzflächenmikrophone.** Diese Mikrophone sehen meist aus wie flache Teller oder kleine Platten und sind entweder an der Wand oder auf dem Boden montiert. Sie sind sehr robust und weitgehend unempfindlich gegen Rückkopplung.

Schwanenhalsmikrophone: Das klassische »Rednerpultmikrophon« findet sich häufig in Kirchen, Vereinssälen usw. Sie werden in verschiedenen Längen und mit unterschiedlichen Aufnahmewinkeln angeboten.

Zu hoch, zu tief & zu weit weg: *Mikrophonständer*

Klassische Mikrophonständer gibt es entweder als »Gerade« oder, häufiger verwendet, als »Galgenständer«.

Sollte die **Einstellung des Ständers nicht Ihrer Körpergröße entsprechen**, korrigieren Sie unbedingt **Höhe und den Neigungswinkel** in eine für Sie angenehme Position.

Die **Anpassung der Höhe** nehmen Sie mit dem Drehgriff, auf mittlerer Höhe des geraden Teils, vor. Aufdrehen (gegen den Uhrzeiger) – einstellen – zudrehen. Fest zudrehen. Mit dem Uhrzeiger.

Den **Winkel** des »Galgens« können Sie mittels der Flügelschraube direkt am Gelenk (dort wo Galgen und Gerade zusammentreffen) verstellen.

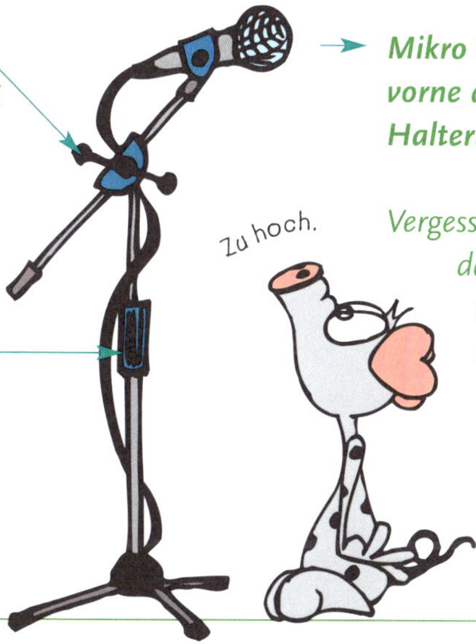

*Haben Mikrophone ein **Selbstreflexives Bewußtsein**? Sind wir nur **Spielbälle** ihrer unberechenbaren Launen? Lesen Sie weiter in der nächsten spannenden Folge von: **»Das Mikrophon und ich«***

Ein wenig Theorie

Lautstärke:
Schallpegel (dB) & Empfindung

dB	Empfindung
0	*Hörschwelle*
20	*kaum hörbar*
30	*feiner Regen*
40	*leise*
60	*mäßig*
70	*laut*
80	*sehr laut*
90	*sehr, sehr laut*
100	*wird unerträglich*
110	*Disco*
120	*Düsenjet*
130	*Schmerzgrenze*

Schall und Rauch
Frequenzen & Tonhöhe

Genau so wie Wellen auf einer Wasseroberfläche breitet sich Schall unsichtbar in der Luft aus. Je mehr **Wellen pro Zeiteinheit** (= je höher die **Frequenz**), desto höher sind die wahrnehmbaren Klänge.

Frequenzen werden in **Hertz** (Hz = Schwingungen pro Sekunde) nach dem **deutschen Physiker Heinrich Hertz** gemessen. Mit Lautstärke (dB – Dezibel für den Schallpegel) hat das nichts zu tun.

Wale sind die lautesten Wesen unseres Planeten (abgesehen von Rockbands). Ein Wal könnte sich

Eine vollständige **Schwingung in einer Sekunde entspricht 1 Hz**. Eine Verdopplung (oder Halbierung) der Schwingungen bezeichnen wir als **Oktave** (das ist also wieder der selbe Ton, entsprechend höher oder tiefer). 1000 Schwingungen pro Sekunde sind **1 kHz** (Kilohertz).

Das gesunde (und junge) **menschliche Gehör** nimmt Schallwellen zwischen ca. **20 – 20.000 Hz** wahr. Am besten hören wir zwischen 1.000 bis 6.000 Hz.

Hörbereich:

Hund
15 – 50.000 Hz
Krokodil
20 – 60.000 Hz
Laubfrosch
50 – 10.000 Hz
Katze
60 – 65.000 Hz
Grashüpfer
100 – 15.000 Hz
Delphin
150 – 150.000 Hz
Fledermaus
1.000 – 120.000 Hz
Schmetterling
3.000 – 150.000 Hz
SchweineHund
hört alles

– würde die Erde nur aus kaltem Wasser bestehen – einmal um die Welt mit sich selber unterhalten.

»Hallo, Echo!«
Raumakustik und Beschallung

Jeder Raum hat seinen ganz »persönlichen« Klang, abhängig von der Größe, seiner Form und den verwendeten Materialien. Ein Fliesenboden etwa reflektiert den Schall aufgrund seiner glatten, harten Oberfläche stark, Holz dagegen »schluckt« den Schall.

Wenn Räume mit einer Tonanlage beschallt werden, bedenken Sie bei einem eventuellen »Soundcheck«, daß **ein leerer Raum anders klingt als ein mit Menschen gefüllter Saal** (siehe rechte Seite).

*Die **Schallgeschwindigkeit** beträgt **330 Meter pro Sekunde.** Das sind etwa 1.200 km/h.*

Wenn Sie Ihre Stimme über Lautsprecher hören, könnten Sie erst einmal folgende Dinge irritieren:

Abhängig von der Raumakustik bzw. den Klangeinstellungen am Mischpult kann Ihre Stimme **lauter und voller** oder, im Gegenteil »dünner« klingen, als Sie es gewohnt sind. Lassen Sie sich nicht dazu verführen, leiser zu sprechen oder sich vom Mikrophon wegzubewegen. Der Tontechniker wird es Ihnen danken.

In **Räumen mit langem Nachhall**, z.B. eine leere Kirche, kann Ihre Stimme zu einer undifferenzierbaren Klangwolke mutieren. Sprechen Sie in diesen Fällen etwas langsamer.

Große Säle, Freiluftveranstaltungen: Sie hören Ihre Worte **verzögert**, weil sich die Schallwellen erst nach allen Seiten ausbreiten, bevor Sie zu Ihnen zurückkehren.

Für alle Fälle gilt:
Sprechen Sie **deutlich und mit gewohnter Intensität**, gegebenenfalls ein wenig **langsamer**. Dann kann nichts schiefgehen.

Kein Input – kein Output: Richtcharakteristik und Rückkopplung

Die am häufigsten verwendeten Mikrophone sind solche mit Kugel-, Nieren- oder Hypernierencharakter. Die **Richtcharakteristik** beschreibt jenen Bereich, in dem das Mikrophon **den Schall am besten aufnimmt**.

Mikrophone mit Kugelcharakteristik: nehmen den Schall rundherum auf und werden wegen der hohen Rückkopplungsgefahr hauptsächlich in Tonstudios verwendet.

Am häufigsten werden Sie auf Mikrophone mit **Nieren- oder Hypernierencharakteristik** treffen. Diese Mikrophone nehmen den Schall vor allem von vorne auf: Gesangsmikrophone etwa, wie sie auf den meisten Bühnen verwendet werden.

Vermeiden Sie dabei die **»Eistütenhaltung«:** Ihr Auditorium hört nichts, wenn Sie von der Seite reinsprechen, der Techniker dreht irritiert lauter und dann haben wir den Salat: Rückkopplung!

Dieses gräßliche Pfeifen entsteht, wenn der vom Lautsprecher abgegebene Schall vom Mikrophon wieder aufgenommen wird: Wenn Sie z.B. die **Kapsel des Mikrophons (mit der Hand) abdecken** oder wenn das **Mikro in Richtung der Lautsprecher** zeigt. Das eingeschaltete **Mikrophon auf dem Tisch oder am Boden abzulegen**, führt zu ähnlichen Ergebnissen.

Tun Sie das nicht!
Die Eistütenhaltung.

Eins – Zwei – Test! Tips für die Bühne

Vorweg: Wenn Sie Gelegenheit haben, vor Ihrem Auftritt mit einem Mikrophon zu üben, nutzen Sie sie!

Bei Veranstaltungen mit Live-Musik wird für Ansagen, Reden oder Präsentationen gewöhnlich das **Gesangsmikrophon** verwendet. Kinderspiel, denken Sie? Sie brauchen nur das Mikro ... Falle! Böse Falle! Sänger schätzen nämlich allerlei Hall- und Echoeffekte, und so fetzig RockandRoll mit gedoppelten Stimmen, Delay und Kompression auch klingen mag, Ihrem Auftritt wird es nicht förderlich sein.

Bitten Sie die Musiker, vor Ihrer Rede die **Effekte abzuschalten**. Bei größeren Veranstaltungen ist gewöhnlich ein Tontechniker anwesend. Der weiß, was zu tun ist.

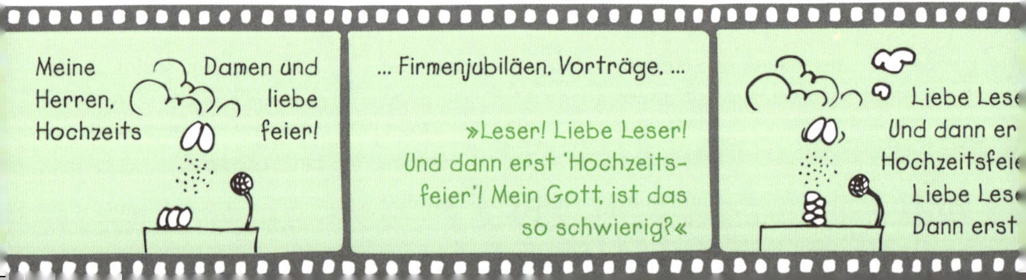

Sollten Sie **von einem Zettel ablesen**, dann nehmen Sie das **Mikrophon in die Hand**. So haben Sie mehr Bewegungsfreiheit und das tut der Lebendigkeit Ihres Vortrages gut. Achten Sie dabei auf einen konstanten Abstand zwischen dem Mikro und Ihrem Mund.

Bleibt das **Mikrophon auf dem Stativ**, dann beachten Sie, daß Ihr Manuskript Sie nicht in völlige Anonymität zwingt – zumal die Zuhörer meist tiefer sitzen als Sie als Vortragender.

Rednerpulte mit Schwanenhalsmikrophon haben gewöhnlich eine **Ablage für Manuskripte**. Erliegen Sie nicht der Versuchung, sich abzustützen und nur noch nach unten auf die Zettel zu schauen. Ihr Publikum will auch was haben – von Ihnen. Ganz abgesehen davon, daß Sie damit Ihre Resonanzräume beschneiden.

Für alle Mikrophontypen empfehlenswert:

Sprechen Sie mit gewohnter Intensität, nicht lauter und nicht leiser. So behält Ihre Stimme den natürlichen Charakter und es besteht keine Gefahr der Rückkopplung.

Besonders lebhafte oder ungeübte Sprecher laufen Gefahr, **am Mikrophon »vorbei zu reden«**. Halten Sie es – in einem möglichst **konstanten Abstand von 5 bis 15 cm** – so, daß Sie **von vorne in die Kapsel sprechen** können.

Variieren Sie die Lautstärke nicht allzu sehr (es sei denn, es handelt sich um eine dramaturgische Unverzichtbarkeit).

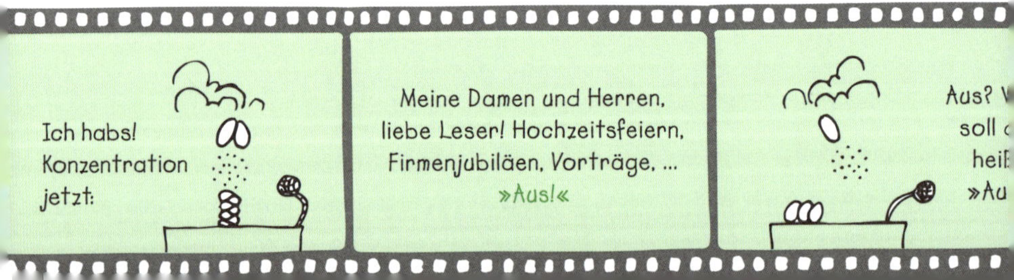

Ignorieren Sie Scheinwerferlicht (es sei denn, es blendet oder irritiert Sie sehr). Halten Sie es wie beim Autofahren: Schauen Sie nicht direkt hinein.

Tun Sie's nicht!

Der Vorhang hebt sich, der/die SprecherIn erscheint, strebt unbeirrt **auf das Mikrophon zu und – klopft drauf!** So, als müßte er/sie sich noch einmal vergewissern, daß das Ding auch wirklich funktioniert. Das tut es! Und wenn nicht, ist das nach den ersten Worten klar. So aber haben die Zuhörer in unmittelbarer Nachbarschaft der Lautsprecher einen veritablen Gehörsturz und alle anderen sind zumindest irritiert.

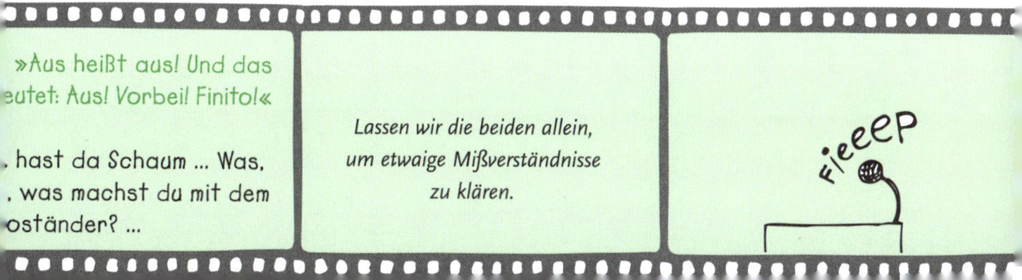

Eins, zwei, Test!
Mikrophontechnik

Bitte nicht ...

- auf die **Mikrophonkapsel** greifen oder draufklopfen!
- das Mikrophon (eingeschaltet) auf den **Tisch oder Boden legen** oder in Richtung der Lautsprecher halten!
- am Mikrophonständer **herumbiegen!**
- das Mikrophon nach oben oder nach hinten aus der **Halterung** drücken!
- am Mikrophon **vorbeireden** (Eistüte)!

Eins, zwei, Test!
Mikrophontechnik

- ***gleichbleibenden Abstand** zwischen Schallquelle und Mikrophon halten;*
- *das Mikrophon so **nahe** wie möglich (max. 15 cm Abstand!) **an den Mund;***
- *gewählte **Lautstärke** beibehalten;*
- *deutlich und in **gewohnter Intensität** sprechen;*
- *abhängig von der Raumakustik (Nachhall, Echo) **etwas langsamer sprechen.***

Kurz & bündig!
Teil 3

Die Wörter können nichts dafür
WörterBuch

Schweinehund

Nennen Sie die richtige Antwort:

a) Hund, der in der Schweinejagd eingesetzt wird (Sauhund)
b) Schimpfwort
c) als »Schweinehund, innerer« ein emotionaler Zustand

Genau. Alle drei sind richtig.

Schweinehund, innerer

Die Redensart entstammt dem **Landserdeutsch des Zweiten Weltkrieges.**

Insofern ist der Begriff nur im deutschsprachigen Raum ein selbstverständliches Haustier.

Canis Porcinus Internus

Gibt es, seit es Menschen gibt.

»Sich nicht aufraffen können«, »Trägheit, die den Mut raubt«, sagt der Volksmund. Und meint damit, etwas wider besseres Wissen nicht zu tun. Sie wissen schon: joggen, sich gesünder ernähren, mit dem Rauchen aufhören, abnehmen und dergleichen mehr. Stattdessen lustlos herumhängen oder die Umwelt infizieren.

Das ist Ihre Sache. Aber nicht die meine. Ich bin nicht mal echt! Vielmehr ein emotionaler Zustand. Und von Ihnen erst erfunden.

Aber indem Sie mich personifizieren und in der dritten Person von mir sprechen, können Sie sich ganz leicht von Ihren ungeliebten Charakterzügen, Ihren »Schattenseiten« distanzieren. Schlau eingefädelt.

Kommunikation

von lat.: *communicare* = teilen, mitteilen, teilhaben (lassen).

bezeichnet den wechselseitigen Austausch von Gedanken in Sprache, Schrift oder Bild. Im weiteren Sinne: das Übermitteln von Daten zwischen Lebewesen*, Objekten (»Mensch-Maschine-Kommunikation«) oder Systemen.

* *Wie weitreichend der Begriff »Lebewesen« verstanden werden kann, lesen Sie in:* ***»Die erwachende Erde«*** *von* ***Peter Russell.***

Interaktion

bezeichnet das **»direkte wechselseitige Aufeinandereinwirken von Akteuren oder Systemen«** (im Gegensatz etwa zur schriftlichen Kommunikation).

Der Begriff ist eng verwandt mit dem der Kommunikation, oft werden beide Begriffe synonym verwendet.

Kongruenz

Stimmigkeit, Übereinstimmung.

Innerhalb der Kommunikation meint Kongruenz die **Übereinstimmung des verbalen und des nonverbalen Ausdrucks** (mit dem Gefühl, aus dem heraus agiert wird). Sieht man es z.B. jemandem an, daß er – trotz gegenteiliger Beteuerung – lügt, sprechen wir von Inkongruenz, Unstimmigkeit.

Andere Disziplinen: in der Psychotherapie bezeichnet Kongruenz die Übereinstimmung von Denken, Fühlen und Handeln, in der Geometrie die Deckungsgleichheit von Flächen, u.a.

Kollateralschaden

von engl.: *collateral damage.*

Militärischer Fachbegriff: »Begleitschaden«.

Viel mehr läßt sich dazu nicht sagen. Vielleicht noch, daß »Kollateralschaden« zum **Unwort des Jahres** 1999 gewählt wurde.

Milton H. Erickson

(1901–1980). Amerikanischer **Psychotherapeut**, der für seinen genialen (auch als »kunstvoll vage« bezeichneten) Gebrauch von Sprache weltberühmt war. Milton H. Erickson war ein wortgewandter Sprachzauberer, und – obwohl selber schwer krank – einer der flexibelsten und erfolgreichsten Therapeuten seiner Zeit.

Die **NLP**-Begründer **Richard Bandler** und **John Grinder** analysierten in den 70er Jahren seine Sprachmuster und entwickelten daraus das **»Milton-Modell«** – bis heute integrativer Bestandteil des NLP.

Das Milton-Modell – hypnotische Sprachmuster

Die »vagen« Sprachmuster des Milton-Modells sind so gehalten, daß **beinahe alle spezifischen Informationen fehlen** und der **Zuhörer** fehlende oder ungenaue Angaben mit eigenen Erfahrungen unbewußt **ergänzt**.

Einerseits wird die Konzentration in eine beabsichtigte Richtung gelenkt, andererseits werden dadurch Ressourcen aktiviert, die dem Zuhörer neue Perspektiven und Erfahrungen ermöglichen.

Mnemotechnik

von: *mnêmon* = aufmerksam.

Mnemotechniken sind **Merkhilfen jeder Art** (Reime, Wort-Bild-Verknüpfungen, Zahlenassoziationen usw.): **Eselsbrücken. Sie »verpacken« Lerninhalte gehirngerecht,** sodaß sie später leicht und schnell wieder abgerufen werden können.

Weil diese meist **simplen Techniken die Gedächtnisleistung dramatisch steigern** und das Gedächtnis insgesamt fit halten, sind Mnemotechniken aus keinem Mentaltraining mehr wegzudenken. Benutzt wurden sie **schon im alten Griechenland (»Loci-Technik«).**

Circulus vitiosus

von lat.: fehlerhafter Kreis.

Besser bekannt als der circulus vitiosus ist sein **volkstümlicher Verwandter, der »Teufelskreis«** (circulus diaboli). Beide bezeichnen einen **Kreislauf, aus dem es kein Entrinnen** gibt, z.B.:

Ein kleiner SchweineHund wandert aus und bemüht sich in der neuen Heimat um eine Arbeitsstelle. Die kriegt er aber nur, wenn er einen festen Wohnsitz nachweisen kann. Was er nicht kann, denn dazu müßte er eine Arbeitsstelle nachweisen können, was nicht geht, weil ...

(Klassische) Konditionierung

Eine von Iwan P. Pawlow begründete Theorie, die besagt, daß einem **natürlichen Reflex künstlich ein neuer, bedingter Reflex hinzugefügt werden kann.**

Das berühmte Beispiel: **der Pawlow'sche Hund.**
Jedesmal, wenn der Hund zu fressen bekam, erklang kurz vorher ein Glockenton. Nach mehreren Wiederholungen setzte der Speichelfluß des Hundes bereits beim Klang der Glocke ein – unabhängig davon, ob er zu fressen bekam oder nicht: der Hund war konditioniert.

Das läßt sich auf menschliches Verhalten übertragen: Bei Menschen, die den 2. Weltkrieg erlebten, kann Sirenengeheul (immer noch) die Erinnerung an Fliegeralarm und die damit verbundenen traumatischen Bilder und Angstzustände auslösen. Bei Kindern wie Erwachsenen, die Angst vor Ärzten haben, kann bereits der Anblick eines weißen Mantels die Angst abrufen.

Erlernte Hilflosigkeit

Der Begriff wurde Ende der 60er Jahre von den Psychologen M. Seligman und S. Maier geprägt.

Sie sperrten zwei Gruppen von **Hunden** in zweigeteilte **Metallkäfige** und setzten sie **Stromstößen** aus. Während die eine Gruppe von ihnen in die andere – stromstoßfreie – Hälfte des Käfigs ausweichen konnte, war die andere Gruppe den Stromstößen hilflos ausgesetzt.

Nachdem die Hunde auf diese Weise konditioniert waren, wechselten die Hunde der Gruppe, die den Stromstößen hilflos ausgeliefert war, in die Käfige der anderen Versuchsgruppe. Obwohl sie nun die Möglichkeit zur Flucht hatten, versuchten sie gar nicht erst, den Stromstößen zu entkommen: sie hatten **gelernt, ihnen hilflos ausgeliefert zu sein.** Diese Ergebnisse wurden für menschliche Verhaltensweisen adaptiert.

Manipulation

von lat.: Kunstgriff; Handgriff.

beschreibt die **gezielte Einflußnahme,** das »Steuern« von Personen (oder Gruppen) ohne deren Wissen.

»Manipulation« ist gewöhnlich **negativ besetzt,** auch wenn das Ergebnis erwünscht ist: von einem Arzt oder Therapeuten verlangen wir es gegen Bezahlung. Gar nicht zu reden von der Kindererziehung ... Von diesem Standpunkt aus ist der Begriff **wertfrei** zu betrachten.

Die Entdeckung der Individualität: Endlich war Schluß mit Willkür und Manipulation.

Euphemismus

griech: *eupheimi* = schönreden.

Formulierungen, die einen **Sachverhalt beschönigen, unkenntlich machen oder verschleiern.**

Mitarbeiter zu entlassen klingt unter Umständen nach Willkür, Sie **»freistellen«** aber nach neuen Chancen. **»friendly fire«** klingt ebenfalls versöhnlicher als »irrtümlicher Beschuß eigener Streitkräfte«. Und: **»Kompetenzteam«**? Alter Hut. Hieß früher nur anders: »Schattenkabinett«.

Die Macht der Worte: George Orwell nannte es in »1984« **Neusprech**. Eine manipulierte, z.T. künstlich geschaffene Sprache, um die Kommunikation und damit das Verhalten der Bevölkerung in gewünschte, jedenfalls kontrollierbare Bahnen zu lenken (wie etwa die »Lingua Tertii Imperii« des Dritten Reiches).
Neusprech steht heute als Synonym für euphemistische Sprachkreationen vornehmlich für propagandistische Zwecke: »politisch korrekte« Sprache, die um so mehr für totalitäre Systeme gilt.

Von SchweineHund zu Schweine Hund:

Ich bin kein Linguist. Ich bin kein Pantomime und kein Schauspieler. Die wissen viel mehr über »Sprache«. Ich frage mich schlicht: »Was tut das mit uns?«

Sprache, in jeder Form, ist ein selbstverständlicher Teil unserer Kultur, unseres Alltags. Wir gebrauchen sie ständig, wir hören sie ständig. Wir »steuern« mittels Sprache und **Sprache »steuert« uns**.

Und angesichts euphemistischer Verdienste aus Wirtschaft, Religion und Politik regt sich latentes Verständnis für die Entstehung mancher Verschwörungstheorie.

»Wir sollten zur Normalität zurückkehren«. Übersetzung: »Die Lage ist katastrophal/Wir haben Mist gebaut/ ...«

Aber wer sagt das schon gern? Ein Politiker bestimmt nicht und ... ich selbst? – Ich wäre ja blöd! Ich könnte mir alle Affirmationen, Metaphern und das ganze mentale Training ersparen, wenn ich nicht im Sinne meiner Absichten »um-deuten« dürfte.

Es liegt nicht am Werkzeug. Die Wörter können nichts dafür. Erst ihr Gebrauch im Dienste meiner Absicht machen sie zu Waffen oder zu Trost, zu Kränkung oder Heilung, zur Kriegs- oder zur Liebeserklärung.

Zum Abschluß:
Wußten Sie, daß es nicht nur Wörter, sondern auch Unwörter gibt?

Genießen wir gemeinsam die Chronik:

Von Wörtern und Unwörtern

Zum »Wort« und »Unwort des Jahres« werden Begriffe gewählt, die die öffentliche Diskussion und Meinung besonders bestimmt haben. Vorschläge einreichen darf jeder:
GfdS – Gesellschaft für deutsche Sprache e.V., Wiesbaden.

In Österreich ermittelt seit 1999 die Karl-Franzens-Universität in Graz das österreichische Pendant.

Deutschland:

Wort und **Unwort**

2004 *Hartz IV*
Humankapital

2003 *Das alte Europa*
Tätervolk

2002 *Teuro*
Ich-AG

2001 *Der 11. September*
Gotteskrieger

2000 *Schwarzgeldaffäre*
National befreite Zone

1999 *Millennium*
Kollateralschaden

1998 *Rot-Grün*
Sozialverträgliches Frühableben

1997 *Reformstau*
Wohlstandsmüll
1996 *Sparpaket*
Rentnerschwemme
1995 *Multimedia*
Diätenanpassung
1994 *Superwahljahr*
Peanuts
1993 *Sozialabbau*
Überfremdung
1992 *Politikverdrossenheit*
Ethnische Säuberung
1991 *Besserwessi*
Ausländerfrei
1990 *Die neuen Bundesländer*
Freisetzung

Österreich:

Wort und **Unwort**

2004 *Pensionsharmonisierung*
Bubendummheiten
2003 *Hacklerregelung*
Besitzstandswahrer
2002 *Teuro*
Rücktritt vom Rücktritt
2001 *Nulldefizit*
Nichtaufenthaltsverfestigt
2000 *Sanktionen*
Soziale Treffsicherheit
1999 *Sondierungsgespräch*
Schübling

Unwort des 20. Jahrhunderts:

Menschenmaterial

Liebe Leserin, lieber Leser,

was bleibt, ist, Ihnen viel Erfolg zu wünschen.
Und Alles Gute!

Ihr SchweineHund. Innerer.

(Anleitung im HandBuch 2 **»Training«**, S. 12 bis 15)

Selbsteinschätzung

Bitte kreuzen Sie in beiden Spalten an

wie ausgeprägt?:	schwach				stark		
	-3	-2	-1	0	1	2	3
kompromißbereit							
optimistisch							
mutig							
rücksichtsvoll							
ungeduldig							
lernbereit							
autoritär							
tolerant							
teamfähig							
kritikfähig							
selbstsicher							
aggressiv							
spontan							
ausdauernd							
direkt							

wie ausgeprägt?:	schwach				stark		
	-3	-2	-1	0	1	2	3
zielstrebig							
vielseitig							
begeisterungsfähig							
ehrgeizig							
belastbar							
impulsiv							
geltungsbedürftig							
hilfsbereit							
anpassungsfähig							
überzeugend							
selbstbeherrscht							
entschlossen							
temperamentvoll							
zuverlässig							
sensibel							

(Anleitung im HandBuch 2 »**Training**«, S. 12 bis 15)

Fremdeinschätzung

Bitte kreuzen Sie in beiden Spalten an

wie ausgeprägt?:	schwach				stark		
	-3	-2	-1	0	1	2	3
kompromißbereit							
optimistisch							
mutig							
rücksichtsvoll							
ungeduldig							
lernbereit							
autoritär							
tolerant							
teamfähig							
kritikfähig							
selbstsicher							
aggressiv							
spontan							
ausdauernd							
direkt							

wie ausgeprägt?:	schwach				stark		
	-3	-2	-1	0	1	2	3
zielstrebig							
vielseitig							
begeisterungsfähig							
ehrgeizig							
belastbar							
impulsiv							
geltungsbedürftig							
hilfsbereit							
anpassungsfähig							
überzeugend							
selbstbeherrscht							
entschlossen							
temperamentvoll							
zuverlässig							
sensibel							

(Anleitung im HandBuch 2 **»Training«**, S. 12 bis 15)

Selbsteinschätzung

Bitte kreuzen Sie in beiden Spalten an

wie ausgeprägt?:	schwach				stark		
	-3	-2	-1	0	1	2	3
kompromißbereit							
optimistisch							
mutig							
rücksichtsvoll							
ungeduldig							
lernbereit							
autoritär							
tolerant							
teamfähig							
kritikfähig							
selbstsicher							
aggressiv							
spontan							
ausdauernd							
direkt							

wie ausgeprägt?:	schwach				stark		
	-3	-2	-1	0	1	2	3
zielstrebig							
vielseitig							
begeisterungsfähig							
ehrgeizig							
belastbar							
impulsiv							
geltungsbedürftig							
hilfsbereit							
anpassungsfähig							
überzeugend							
selbstbeherrscht							
entschlossen							
temperamentvoll							
zuverlässig							
sensibel							

(Anleitung im HandBuch 2 **»Training«**, S. 12 bis 15)

Fremdeinschätzung

Bitte kreuzen Sie in beiden Spalten an

wie ausgeprägt?:	schwach				stark		
	-3	-2	-1	0	1	2	3
kompromißbereit							
optimistisch							
mutig							
rücksichtsvoll							
ungeduldig							
lernbereit							
autoritär							
tolerant							
teamfähig							
kritikfähig							
selbstsicher							
aggressiv							
spontan							
ausdauernd							
direkt							

wie ausgeprägt?:	schwach				stark		
	-3	-2	-1	0	1	2	3
zielstrebig							
vielseitig							
begeisterungsfähig							
ehrgeizig							
belastbar							
impulsiv							
geltungsbedürftig							
hilfsbereit							
anpassungsfähig							
überzeugend							
selbstbeherrscht							
entschlossen							
temperamentvoll							
zuverlässig							
sensibel							

(Anleitung im HandBuch 2 **»Training«**, S. 12 bis 15)

Selbsteinschätzung

Bitte kreuzen Sie in beiden Spalten an

wie ausgeprägt?:	schwach				stark		
	-3	-2	-1	0	1	2	3
kompromißbereit							
optimistisch							
mutig							
rücksichtsvoll							
ungeduldig							
lernbereit							
autoritär							
tolerant							
teamfähig							
kritikfähig							
selbstsicher							
aggressiv							
spontan							
ausdauernd							
direkt							

wie ausgeprägt?:	schwach				stark		
	-3	-2	-1	0	1	2	3
zielstrebig							
vielseitig							
begeisterungsfähig							
ehrgeizig							
belastbar							
impulsiv							
geltungsbedürftig							
hilfsbereit							
anpassungsfähig							
überzeugend							
selbstbeherrscht							
entschlossen							
temperamentvoll							
zuverlässig							
sensibel							

(Anleitung im HandBuch 2 **»Training«**, S. 12 bis 15)

Fremdeinschätzung

Bitte kreuzen Sie in beiden Spalten an

wie ausgeprägt?:	**schwach**				**stark**		
	-3	-2	-1	0	1	2	3
kompromißbereit							
optimistisch							
mutig							
rücksichtsvoll							
ungeduldig							
lernbereit							
autoritär							
tolerant							
teamfähig							
kritikfähig							
selbstsicher							
aggressiv							
spontan							
ausdauernd							
direkt							

wie ausgeprägt?:	**schwach**				**stark**		
	-3	-2	-1	0	1	2	3
zielstrebig							
vielseitig							
begeisterungsfähig							
ehrgeizig							
belastbar							
impulsiv							
geltungsbedürftig							
hilfsbereit							
anpassungsfähig							
überzeugend							
selbstbeherrscht							
entschlossen							
temperamentvoll							
zuverlässig							
sensibel							

(Anleitung im HandBuch 2 **»Training«**, S. 12 bis 15)

Selbsteinschätzung

Bitte kreuzen Sie in beiden Spalten an

wie ausgeprägt?:	schwach				stark		
	-3	-2	-1	0	1	2	3
kompromißbereit							
optimistisch							
mutig							
rücksichtsvoll							
ungeduldig							
lernbereit							
autoritär							
tolerant							
teamfähig							
kritikfähig							
selbstsicher							
aggressiv							
spontan							
ausdauernd							
direkt							

wie ausgeprägt?:	schwach				stark		
	-3	-2	-1	0	1	2	3
zielstrebig							
vielseitig							
begeisterungsfähig							
ehrgeizig							
belastbar							
impulsiv							
geltungsbedürftig							
hilfsbereit							
anpassungsfähig							
überzeugend							
selbstbeherrscht							
entschlossen							
temperamentvoll							
zuverlässig							
sensibel							

(Anleitung im HandBuch 2 **»Training«**, S. 12 bis 15)

Fremdeinschätzung

Bitte kreuzen Sie in beiden Spalten an

wie ausgeprägt?:	schwach				stark		
	-3	-2	-1	0	1	2	3
kompromißbereit							
optimistisch							
mutig							
rücksichtsvoll							
ungeduldig							
lernbereit							
autoritär							
tolerant							
teamfähig							
kritikfähig							
selbstsicher							
aggressiv							
spontan							
ausdauernd							
direkt							

wie ausgeprägt?:	schwach				stark		
	-3	-2	-1	0	1	2	3
zielstrebig							
vielseitig							
begeisterungsfähig							
ehrgeizig							
belastbar							
impulsiv							
geltungsbedürftig							
hilfsbereit							
anpassungsfähig							
überzeugend							
selbstbeherrscht							
entschlossen							
temperamentvoll							
zuverlässig							
sensibel							

(Anleitung im HandBuch 2 **»Training«**, S. 12 bis 15)

Selbsteinschätzung

Bitte kreuzen Sie in beiden Spalten an

wie ausgeprägt?:	schwach				stark		
	-3	-2	-1	0	1	2	3
kompromißbereit							
optimistisch							
mutig							
rücksichtsvoll							
ungeduldig							
lernbereit							
autoritär							
tolerant							
teamfähig							
kritikfähig							
selbstsicher							
aggressiv							
spontan							
ausdauernd							
direkt							

wie ausgeprägt?:	schwach				stark		
	-3	-2	-1	0	1	2	3
zielstrebig							
vielseitig							
begeisterungsfähig							
ehrgeizig							
belastbar							
impulsiv							
geltungsbedürftig							
hilfsbereit							
anpassungsfähig							
überzeugend							
selbstbeherrscht							
entschlossen							
temperamentvoll							
zuverlässig							
sensibel							

(Anleitung im HandBuch 2 **»Training«**, S. 12 bis 15)

Fremdeinschätzung

Bitte kreuzen Sie in beiden Spalten an

wie ausgeprägt?:	schwach				stark		
	-3	-2	-1	0	1	2	3
kompromißbereit							
optimistisch							
mutig							
rücksichtsvoll							
ungeduldig							
lernbereit							
autoritär							
tolerant							
teamfähig							
kritikfähig							
selbstsicher							
aggressiv							
spontan							
ausdauernd							
direkt							

wie ausgeprägt?:	schwach				stark		
	-3	-2	-1	0	1	2	3
zielstrebig							
vielseitig							
begeisterungsfähig							
ehrgeizig							
belastbar							
impulsiv							
geltungsbedürftig							
hilfsbereit							
anpassungsfähig							
überzeugend							
selbstbeherrscht							
entschlossen							
temperamentvoll							
zuverlässig							
sensibel							

(Anleitung im HandBuch 2 **»Training«**, S. 12 bis 15)

Selbsteinschätzung

Bitte kreuzen Sie in beiden Spalten an

wie ausgeprägt?:	schwach				stark		
	-3	-2	-1	0	1	2	3
kompromißbereit							
optimistisch							
mutig							
rücksichtsvoll							
ungeduldig							
lernbereit							
autoritär							
tolerant							
teamfähig							
kritikfähig							
selbstsicher							
aggressiv							
spontan							
ausdauernd							
direkt							

wie ausgeprägt?:	schwach				stark		
	-3	-2	-1	0	1	2	3
zielstrebig							
vielseitig							
begeisterungsfähig							
ehrgeizig							
belastbar							
impulsiv							
geltungsbedürftig							
hilfsbereit							
anpassungsfähig							
überzeugend							
selbstbeherrscht							
entschlossen							
temperamentvoll							
zuverlässig							
sensibel							

(Anleitung im HandBuch 2 **»Training«**, S. 12 bis 15)

Fremdeinschätzung

Bitte kreuzen Sie in beiden Spalten an

wie ausgeprägt?:	schwach				stark		
	-3	-2	-1	0	1	2	3
kompromißbereit							
optimistisch							
mutig							
rücksichtsvoll							
ungeduldig							
lernbereit							
autoritär							
tolerant							
teamfähig							
kritikfähig							
selbstsicher							
aggressiv							
spontan							
ausdauernd							
direkt							

wie ausgeprägt?:	schwach				stark		
	-3	-2	-1	0	1	2	3
zielstrebig							
vielseitig							
begeisterungsfähig							
ehrgeizig							
belastbar							
impulsiv							
geltungsbedürftig							
hilfsbereit							
anpassungsfähig							
überzeugend							
selbstbeherrscht							
entschlossen							
temperamentvoll							
zuverlässig							
sensibel							

(Anleitung im HandBuch 2 **»Training«**, S. 12 bis 15)

Selbsteinschätzung

Bitte kreuzen Sie in beiden Spalten an

wie ausgeprägt?:	schwach				stark		
	-3	-2	-1	0	1	2	3
kompromißbereit							
optimistisch							
mutig							
rücksichtsvoll							
ungeduldig							
lernbereit							
autoritär							
tolerant							
teamfähig							
kritikfähig							
selbstsicher							
aggressiv							
spontan							
ausdauernd							
direkt							

wie ausgeprägt?:	schwach				stark		
	-3	-2	-1	0	1	2	3
zielstrebig							
vielseitig							
begeisterungsfähig							
ehrgeizig							
belastbar							
impulsiv							
geltungsbedürftig							
hilfsbereit							
anpassungsfähig							
überzeugend							
selbstbeherrscht							
entschlossen							
temperamentvoll							
zuverlässig							
sensibel							

(Anleitung im HandBuch 2 **»Training«**, S. 12 bis 15)

Fremdeinschätzung

Bitte kreuzen Sie in beiden Spalten an

wie ausgeprägt?:	schwach				stark		
	-3	-2	-1	0	1	2	3
kompromißbereit							
optimistisch							
mutig							
rücksichtsvoll							
ungeduldig							
lernbereit							
autoritär							
tolerant							
teamfähig							
kritikfähig							
selbstsicher							
aggressiv							
spontan							
ausdauernd							
direkt							

wie ausgeprägt?:	schwach				stark		
	-3	-2	-1	0	1	2	3
zielstrebig							
vielseitig							
begeisterungsfähig							
ehrgeizig							
belastbar							
impulsiv							
geltungsbedürftig							
hilfsbereit							
anpassungsfähig							
überzeugend							
selbstbeherrscht							
entschlossen							
temperamentvoll							
zuverlässig							
sensibel							

(Anleitung im HandBuch 2 **»Training«**, S. 12 bis 15)

Selbsteinschätzung

Bitte kreuzen Sie in beiden Spalten an

wie ausgeprägt?:	schwach				stark		
	-3	-2	-1	0	1	2	3
kompromißbereit							
optimistisch							
mutig							
rücksichtsvoll							
ungeduldig							
lernbereit							
autoritär							
tolerant							
teamfähig							
kritikfähig							
selbstsicher							
aggressiv							
spontan							
ausdauernd							
direkt							

wie ausgeprägt?:	schwach				stark		
	-3	-2	-1	0	1	2	3
zielstrebig							
vielseitig							
begeisterungsfähig							
ehrgeizig							
belastbar							
impulsiv							
geltungsbedürftig							
hilfsbereit							
anpassungsfähig							
überzeugend							
selbstbeherrscht							
entschlossen							
temperamentvoll							
zuverlässig							
sensibel							

(Anleitung im HandBuch 2 **»Training«**, S. 12 bis 15)

Fremdeinschätzung

Bitte kreuzen Sie in beiden Spalten an

wie ausgeprägt?:	schwach				stark		
	-3	-2	-1	0	1	2	3
kompromißbereit							
optimistisch							
mutig							
rücksichtsvoll							
ungeduldig							
lernbereit							
autoritär							
tolerant							
teamfähig							
kritikfähig							
selbstsicher							
aggressiv							
spontan							
ausdauernd							
direkt							

wie ausgeprägt?:	schwach				stark		
	-3	-2	-1	0	1	2	3
zielstrebig							
vielseitig							
begeisterungsfähig							
ehrgeizig							
belastbar							
impulsiv							
geltungsbedürftig							
hilfsbereit							
anpassungsfähig							
überzeugend							
selbstbeherrscht							
entschlossen							
temperamentvoll							
zuverlässig							
sensibel							

TrainingsKarte **Selbst- & FremdBild**

(Anleitung im HandBuch 2 **»Training«**, S. 12 bis 15)

Selbsteinschätzung

Bitte kreuzen Sie in beiden Spalten an

wie ausgeprägt?:	schwach				stark		
	-3	-2	-1	0	1	2	3
kompromißbereit							
optimistisch							
mutig							
rücksichtsvoll							
ungeduldig							
lernbereit							
autoritär							
tolerant							
teamfähig							
kritikfähig							
selbstsicher							
aggressiv							
spontan							
ausdauernd							
direkt							

wie ausgeprägt?:	schwach				stark		
	-3	-2	-1	0	1	2	3
zielstrebig							
vielseitig							
begeisterungsfähig							
ehrgeizig							
belastbar							
impulsiv							
geltungsbedürftig							
hilfsbereit							
anpassungsfähig							
überzeugend							
selbstbeherrscht							
entschlossen							
temperamentvoll							
zuverlässig							
sensibel							

(Anleitung im HandBuch 2 **»Training«**, S. 12 bis 15)

Fremdeinschätzung

Bitte kreuzen Sie in beiden Spalten an

wie ausgeprägt?:	schwach				stark		
	-3	-2	-1	0	1	2	3
kompromißbereit							
optimistisch							
mutig							
rücksichtsvoll							
ungeduldig							
lernbereit							
autoritär							
tolerant							
teamfähig							
kritikfähig							
selbstsicher							
aggressiv							
spontan							
ausdauernd							
direkt							

wie ausgeprägt?:	schwach				stark		
	-3	-2	-1	0	1	2	3
zielstrebig							
vielseitig							
begeisterungsfähig							
ehrgeizig							
belastbar							
impulsiv							
geltungsbedürftig							
hilfsbereit							
anpassungsfähig							
überzeugend							
selbstbeherrscht							
entschlossen							
temperamentvoll							
zuverlässig							
sensibel							

(Anleitung im HandBuch 2 **»Training«**, S. 12 bis 15)

Selbsteinschätzung

Bitte kreuzen Sie in beiden Spalten an

wie ausgeprägt?:	schwach				stark		
	-3	-2	-1	0	1	2	3
kompromißbereit							
optimistisch							
mutig							
rücksichtsvoll							
ungeduldig							
lernbereit							
autoritär							
tolerant							
teamfähig							
kritikfähig							
selbstsicher							
aggressiv							
spontan							
ausdauernd							
direkt							

wie ausgeprägt?:	schwach				stark		
	-3	-2	-1	0	1	2	3
zielstrebig							
vielseitig							
begeisterungsfähig							
ehrgeizig							
belastbar							
impulsiv							
geltungsbedürftig							
hilfsbereit							
anpassungsfähig							
überzeugend							
selbstbeherrscht							
entschlossen							
temperamentvoll							
zuverlässig							
sensibel							

(Anleitung im HandBuch 2 »**Training**«, S. 12 bis 15)

Fremdeinschätzung

Bitte kreuzen Sie in beiden Spalten an

wie ausgeprägt?:	schwach				stark		
	-3	-2	-1	0	1	2	3
kompromißbereit							
optimistisch							
mutig							
rücksichtsvoll							
ungeduldig							
lernbereit							
autoritär							
tolerant							
teamfähig							
kritikfähig							
selbstsicher							
aggressiv							
spontan							
ausdauernd							
direkt							

wie ausgeprägt?:	schwach				stark		
	-3	-2	-1	0	1	2	3
zielstrebig							
vielseitig							
begeisterungsfähig							
ehrgeizig							
belastbar							
impulsiv							
geltungsbedürftig							
hilfsbereit							
anpassungsfähig							
überzeugend							
selbstbeherrscht							
entschlossen							
temperamentvoll							
zuverlässig							
sensibel							

(Anleitung im HandBuch 2 »**Training**«, S. 12 bis 15)

Selbsteinschätzung

Bitte kreuzen Sie in beiden Spalten an

wie ausgeprägt?:	schwach				stark		
	-3	-2	-1	0	1	2	3
kompromißbereit							
optimistisch							
mutig							
rücksichtsvoll							
ungeduldig							
lernbereit							
autoritär							
tolerant							
teamfähig							
kritikfähig							
selbstsicher							
aggressiv							
spontan							
ausdauernd							
direkt							

wie ausgeprägt?:	schwach				stark		
	-3	-2	-1	0	1	2	3
zielstrebig							
vielseitig							
begeisterungsfähig							
ehrgeizig							
belastbar							
impulsiv							
geltungsbedürftig							
hilfsbereit							
anpassungsfähig							
überzeugend							
selbstbeherrscht							
entschlossen							
temperamentvoll							
zuverlässig							
sensibel							

(Anleitung im HandBuch 2 **»Training«**, S. 12 bis 15)

Fremdeinschätzung

Bitte kreuzen Sie in beiden Spalten an

wie ausgeprägt?:	**schwach**				**stark**		
	-3	-2	-1	0	1	2	3
kompromißbereit							
optimistisch							
mutig							
rücksichtsvoll							
ungeduldig							
lernbereit							
autoritär							
tolerant							
teamfähig							
kritikfähig							
selbstsicher							
aggressiv							
spontan							
ausdauernd							
direkt							

wie ausgeprägt?:	**schwach**				**stark**		
	-3	-2	-1	0	1	2	3
zielstrebig							
vielseitig							
begeisterungsfähig							
ehrgeizig							
belastbar							
impulsiv							
geltungsbedürftig							
hilfsbereit							
anpassungsfähig							
überzeugend							
selbstbeherrscht							
entschlossen							
temperamentvoll							
zuverlässig							
sensibel							

(Anleitung im HandBuch 2 **»Training«**, S. 12 bis 15)

Selbsteinschätzung

Bitte kreuzen Sie in beiden Spalten an

wie ausgeprägt?:	schwach				stark		
	-3	-2	-1	0	1	2	3
kompromißbereit							
optimistisch							
mutig							
rücksichtsvoll							
ungeduldig							
lernbereit							
autoritär							
tolerant							
teamfähig							
kritikfähig							
selbstsicher							
aggressiv							
spontan							
ausdauernd							
direkt							

wie ausgeprägt?:	schwach				stark		
	-3	-2	-1	0	1	2	3
zielstrebig							
vielseitig							
begeisterungsfähig							
ehrgeizig							
belastbar							
impulsiv							
geltungsbedürftig							
hilfsbereit							
anpassungsfähig							
überzeugend							
selbstbeherrscht							
entschlossen							
temperamentvoll							
zuverlässig							
sensibel							

(Anleitung im HandBuch 2 »**Training**«, S. 12 bis 15)

Fremdeinschätzung

Bitte kreuzen Sie in beiden Spalten an

wie ausgeprägt?:	schwach				stark		
	-3	-2	-1	0	1	2	3
kompromißbereit							
optimistisch							
mutig							
rücksichtsvoll							
ungeduldig							
lernbereit							
autoritär							
tolerant							
teamfähig							
kritikfähig							
selbstsicher							
aggressiv							
spontan							
ausdauernd							
direkt							

wie ausgeprägt?:	schwach				stark		
	-3	-2	-1	0	1	2	3
zielstrebig							
vielseitig							
begeisterungsfähig							
ehrgeizig							
belastbar							
impulsiv							
geltungsbedürftig							
hilfsbereit							
anpassungsfähig							
überzeugend							
selbstbeherrscht							
entschlossen							
temperamentvoll							
zuverlässig							
sensibel							

Selbsteinschätzung

Bitte kreuzen Sie in beiden Spalten an

wie ausgeprägt?:	schwach				stark		
	-3	-2	-1	0	1	2	3
kompromißbereit							
optimistisch							
mutig							
rücksichtsvoll							
ungeduldig							
lernbereit							
autoritär							
tolerant							
teamfähig							
kritikfähig							
selbstsicher							
aggressiv							
spontan							
ausdauernd							
direkt							

wie ausgeprägt?:	schwach				stark		
	-3	-2	-1	0	1	2	3
zielstrebig							
vielseitig							
begeisterungsfähig							
ehrgeizig							
belastbar							
impulsiv							
geltungsbedürftig							
hilfsbereit							
anpassungsfähig							
überzeugend							
selbstbeherrscht							
entschlossen							
temperamentvoll							
zuverlässig							
sensibel							

(Anleitung im HandBuch 2 **»Training«**, S. 12 bis 15)

Fremdeinschätzung

Bitte kreuzen Sie in beiden Spalten an

wie ausgeprägt?:	**schwach**				**stark**		
	-3	-2	-1	0	1	2	3
kompromißbereit							
optimistisch							
mutig							
rücksichtsvoll							
ungeduldig							
lernbereit							
autoritär							
tolerant							
teamfähig							
kritikfähig							
selbstsicher							
aggressiv							
spontan							
ausdauernd							
direkt							

wie ausgeprägt?:	**schwach**				**stark**		
	-3	-2	-1	0	1	2	3
zielstrebig							
vielseitig							
begeisterungsfähig							
ehrgeizig							
belastbar							
impulsiv							
geltungsbedürftig							
hilfsbereit							
anpassungsfähig							
überzeugend							
selbstbeherrscht							
entschlossen							
temperamentvoll							
zuverlässig							
sensibel							

(Anleitung im HandBuch 2 **»Training«**, S. 12 bis 15)

Selbsteinschätzung

Bitte kreuzen Sie in beiden Spalten an

wie ausgeprägt?:	schwach				stark		
	-3	-2	-1	0	1	2	3
kompromißbereit							
optimistisch							
mutig							
rücksichtsvoll							
ungeduldig							
lernbereit							
autoritär							
tolerant							
teamfähig							
kritikfähig							
selbstsicher							
aggressiv							
spontan							
ausdauernd							
direkt							

wie ausgeprägt?:	schwach				stark		
	-3	-2	-1	0	1	2	3
zielstrebig							
vielseitig							
begeisterungsfähig							
ehrgeizig							
belastbar							
impulsiv							
geltungsbedürftig							
hilfsbereit							
anpassungsfähig							
überzeugend							
selbstbeherrscht							
entschlossen							
temperamentvoll							
zuverlässig							
sensibel							

(Anleitung im HandBuch 2 »**Training**«, S. 12 bis 15)

Fremdeinschätzung

Bitte kreuzen Sie in beiden Spalten an

wie ausgeprägt?:	schwach				stark		
	-3	-2	-1	0	1	2	3
kompromißbereit							
optimistisch							
mutig							
rücksichtsvoll							
ungeduldig							
lernbereit							
autoritär							
tolerant							
teamfähig							
kritikfähig							
selbstsicher							
aggressiv							
spontan							
ausdauernd							
direkt							

wie ausgeprägt?:	schwach				stark		
	-3	-2	-1	0	1	2	3
zielstrebig							
vielseitig							
begeisterungsfähig							
ehrgeizig							
belastbar							
impulsiv							
geltungsbedürftig							
hilfsbereit							
anpassungsfähig							
überzeugend							
selbstbeherrscht							
entschlossen							
temperamentvoll							
zuverlässig							
sensibel							

(Anleitung im HandBuch 2 »**Training**«, S. 12 bis 15)

Selbsteinschätzung

Bitte kreuzen Sie in beiden Spalten an

wie ausgeprägt?:	schwach				stark		
	-3	-2	-1	0	1	2	3
kompromißbereit							
optimistisch							
mutig							
rücksichtsvoll							
ungeduldig							
lernbereit							
autoritär							
tolerant							
teamfähig							
kritikfähig							
selbstsicher							
aggressiv							
spontan							
ausdauernd							
direkt							

wie ausgeprägt?:	schwach				stark		
	-3	-2	-1	0	1	2	3
zielstrebig							
vielseitig							
begeisterungsfähig							
ehrgeizig							
belastbar							
impulsiv							
geltungsbedürftig							
hilfsbereit							
anpassungsfähig							
überzeugend							
selbstbeherrscht							
entschlossen							
temperamentvoll							
zuverlässig							
sensibel							

(Anleitung im HandBuch 2 **»Training«**, S. 12 bis 15)

Fremdeinschätzung

Bitte kreuzen Sie in beiden Spalten an

wie ausgeprägt?:	**schwach**				**stark**		
	-3	-2	-1	0	1	2	3
kompromißbereit							
optimistisch							
mutig							
rücksichtsvoll							
ungeduldig							
lernbereit							
autoritär							
tolerant							
teamfähig							
kritikfähig							
selbstsicher							
aggressiv							
spontan							
ausdauernd							
direkt							

wie ausgeprägt?:	**schwach**				**stark**		
	-3	-2	-1	0	1	2	3
zielstrebig							
vielseitig							
begeisterungsfähig							
ehrgeizig							
belastbar							
impulsiv							
geltungsbedürftig							
hilfsbereit							
anpassungsfähig							
überzeugend							
selbstbeherrscht							
entschlossen							
temperamentvoll							
zuverlässig							
sensibel							

(Anleitung im HandBuch 2 **»Training«**, S. 12 bis 15)

Selbsteinschätzung

Bitte kreuzen Sie in beiden Spalten an

wie ausgeprägt?:	schwach				stark		
	-3	-2	-1	0	1	2	3
kompromißbereit							
optimistisch							
mutig							
rücksichtsvoll							
ungeduldig							
lernbereit							
autoritär							
tolerant							
teamfähig							
kritikfähig							
selbstsicher							
aggressiv							
spontan							
ausdauernd							
direkt							

wie ausgeprägt?:	schwach				stark		
	-3	-2	-1	0	1	2	3
zielstrebig							
vielseitig							
begeisterungsfähig							
ehrgeizig							
belastbar							
impulsiv							
geltungsbedürftig							
hilfsbereit							
anpassungsfähig							
überzeugend							
selbstbeherrscht							
entschlossen							
temperamentvoll							
zuverlässig							
sensibel							

(Anleitung im HandBuch 2 »**Training**«, S. 12 bis 15)

Fremdeinschätzung

Bitte kreuzen Sie in beiden Spalten an

wie ausgeprägt?:	schwach				stark		
	-3	-2	-1	0	1	2	3
kompromißbereit							
optimistisch							
mutig							
rücksichtsvoll							
ungeduldig							
lernbereit							
autoritär							
tolerant							
teamfähig							
kritikfähig							
selbstsicher							
aggressiv							
spontan							
ausdauernd							
direkt							

wie ausgeprägt?:	schwach				stark		
	-3	-2	-1	0	1	2	3
zielstrebig							
vielseitig							
begeisterungsfähig							
ehrgeizig							
belastbar							
impulsiv							
geltungsbedürftig							
hilfsbereit							
anpassungsfähig							
überzeugend							
selbstbeherrscht							
entschlossen							
temperamentvoll							
zuverlässig							
sensibel							

(Anleitung im HandBuch 2 »**Training**«, S. 12 bis 15)

Selbsteinschätzung

Bitte kreuzen Sie in beiden Spalten an

wie ausgeprägt?:	schwach				stark		
	-3	-2	-1	0	1	2	3
kompromißbereit							
optimistisch							
mutig							
rücksichtsvoll							
ungeduldig							
lernbereit							
autoritär							
tolerant							
teamfähig							
kritikfähig							
selbstsicher							
aggressiv							
spontan							
ausdauernd							
direkt							

wie ausgeprägt?:	schwach				stark		
	-3	-2	-1	0	1	2	3
zielstrebig							
vielseitig							
begeisterungsfähig							
ehrgeizig							
belastbar							
impulsiv							
geltungsbedürftig							
hilfsbereit							
anpassungsfähig							
überzeugend							
selbstbeherrscht							
entschlossen							
temperamentvoll							
zuverlässig							
sensibel							

(Anleitung im HandBuch 2 **»Training«**, S. 12 bis 15)

Fremdeinschätzung

Bitte kreuzen Sie in beiden Spalten an

wie ausgeprägt?:	schwach				stark		
	-3	-2	-1	0	1	2	3
kompromißbereit							
optimistisch							
mutig							
rücksichtsvoll							
ungeduldig							
lernbereit							
autoritär							
tolerant							
teamfähig							
kritikfähig							
selbstsicher							
aggressiv							
spontan							
ausdauernd							
direkt							

wie ausgeprägt?:	schwach				stark		
	-3	-2	-1	0	1	2	3
zielstrebig							
vielseitig							
begeisterungsfähig							
ehrgeizig							
belastbar							
impulsiv							
geltungsbedürftig							
hilfsbereit							
anpassungsfähig							
überzeugend							
selbstbeherrscht							
entschlossen							
temperamentvoll							
zuverlässig							
sensibel							

(Anleitung im HandBuch 2 »**Training**«, S. 12 bis 15)

Selbsteinschätzung

Bitte kreuzen Sie in beiden Spalten an

wie ausgeprägt?:	schwach				stark		
	-3	-2	-1	0	1	2	3
kompromißbereit							
optimistisch							
mutig							
rücksichtsvoll							
ungeduldig							
lernbereit							
autoritär							
tolerant							
teamfähig							
kritikfähig							
selbstsicher							
aggressiv							
spontan							
ausdauernd							
direkt							

wie ausgeprägt?:	schwach				stark		
	-3	-2	-1	0	1	2	3
zielstrebig							
vielseitig							
begeisterungsfähig							
ehrgeizig							
belastbar							
impulsiv							
geltungsbedürftig							
hilfsbereit							
anpassungsfähig							
überzeugend							
selbstbeherrscht							
entschlossen							
temperamentvoll							
zuverlässig							
sensibel							

(Anleitung im HandBuch 2 »**Training**«, S. 12 bis 15)

Fremdeinschätzung

Bitte kreuzen Sie in beiden Spalten an

wie ausgeprägt?:	schwach				stark		
	-3	-2	-1	0	1	2	3
kompromißbereit							
optimistisch							
mutig							
rücksichtsvoll							
ungeduldig							
lernbereit							
autoritär							
tolerant							
teamfähig							
kritikfähig							
selbstsicher							
aggressiv							
spontan							
ausdauernd							
direkt							

wie ausgeprägt?:	schwach				stark		
	-3	-2	-1	0	1	2	3
zielstrebig							
vielseitig							
begeisterungsfähig							
ehrgeizig							
belastbar							
impulsiv							
geltungsbedürftig							
hilfsbereit							
anpassungsfähig							
überzeugend							
selbstbeherrscht							
entschlossen							
temperamentvoll							
zuverlässig							
sensibel							

(Anleitung im HandBuch 2 **»Training«**, S. 12 bis 15)

Selbsteinschätzung

Bitte kreuzen Sie in beiden Spalten an

wie ausgeprägt?:	schwach				stark		
	-3	-2	-1	0	1	2	3
kompromißbereit							
optimistisch							
mutig							
rücksichtsvoll							
ungeduldig							
lernbereit							
autoritär							
tolerant							
teamfähig							
kritikfähig							
selbstsicher							
aggressiv							
spontan							
ausdauernd							
direkt							

wie ausgeprägt?:	schwach				stark		
	-3	-2	-1	0	1	2	3
zielstrebig							
vielseitig							
begeisterungsfähig							
ehrgeizig							
belastbar							
impulsiv							
geltungsbedürftig							
hilfsbereit							
anpassungsfähig							
überzeugend							
selbstbeherrscht							
entschlossen							
temperamentvoll							
zuverlässig							
sensibel							

(Anleitung im HandBuch 2 **»Training«**, S. 12 bis 15)

Fremdeinschätzung

Bitte kreuzen Sie in beiden Spalten an

wie ausgeprägt?:	schwach				stark		
	-3	-2	-1	0	1	2	3
kompromißbereit							
optimistisch							
mutig							
rücksichtsvoll							
ungeduldig							
lernbereit							
autoritär							
tolerant							
teamfähig							
kritikfähig							
selbstsicher							
aggressiv							
spontan							
ausdauernd							
direkt							

wie ausgeprägt?:	schwach				stark		
	-3	-2	-1	0	1	2	3
zielstrebig							
vielseitig							
begeisterungsfähig							
ehrgeizig							
belastbar							
impulsiv							
geltungsbedürftig							
hilfsbereit							
anpassungsfähig							
überzeugend							
selbstbeherrscht							
entschlossen							
temperamentvoll							
zuverlässig							
sensibel							

TrainingsKarte **Selbst- & FremdBild**

(Anleitung im HandBuch 2 **»Training«**, S. 12 bis 15)

Selbsteinschätzung

Bitte kreuzen Sie in beiden Spalten an

wie ausgeprägt?:	schwach				stark		
	-3	-2	-1	0	1	2	3
kompromißbereit							
optimistisch							
mutig							
rücksichtsvoll							
ungeduldig							
lernbereit							
autoritär							
tolerant							
teamfähig							
kritikfähig							
selbstsicher							
aggressiv							
spontan							
ausdauernd							
direkt							

wie ausgeprägt?:	schwach				stark		
	-3	-2	-1	0	1	2	3
zielstrebig							
vielseitig							
begeisterungsfähig							
ehrgeizig							
belastbar							
impulsiv							
geltungsbedürftig							
hilfsbereit							
anpassungsfähig							
überzeugend							
selbstbeherrscht							
entschlossen							
temperamentvoll							
zuverlässig							
sensibel							

(Anleitung im HandBuch 2 **»Training«**, S. 12 bis 15)

Fremdeinschätzung

Bitte kreuzen Sie in beiden Spalten an

wie ausgeprägt?:	schwach				stark		
	-3	-2	-1	0	1	2	3
kompromißbereit							
optimistisch							
mutig							
rücksichtsvoll							
ungeduldig							
lernbereit							
autoritär							
tolerant							
teamfähig							
kritikfähig							
selbstsicher							
aggressiv							
spontan							
ausdauernd							
direkt							

wie ausgeprägt?:	schwach				stark		
	-3	-2	-1	0	1	2	3
zielstrebig							
vielseitig							
begeisterungsfähig							
ehrgeizig							
belastbar							
impulsiv							
geltungsbedürftig							
hilfsbereit							
anpassungsfähig							
überzeugend							
selbstbeherrscht							
entschlossen							
temperamentvoll							
zuverlässig							
sensibel							

TrainingsKarte **Selbst- & FremdBild**

(Anleitung im HandBuch 2 **»Training«**, S. 12 bis 15)

Selbsteinschätzung

Bitte kreuzen Sie in beiden Spalten an

wie ausgeprägt?:	schwach				stark		
	-3	-2	-1	0	1	2	3
kompromißbereit							
optimistisch							
mutig							
rücksichtsvoll							
ungeduldig							
lernbereit							
autoritär							
tolerant							
teamfähig							
kritikfähig							
selbstsicher							
aggressiv							
spontan							
ausdauernd							
direkt							

wie ausgeprägt?:	schwach				stark		
	-3	-2	-1	0	1	2	3
zielstrebig							
vielseitig							
begeisterungsfähig							
ehrgeizig							
belastbar							
impulsiv							
geltungsbedürftig							
hilfsbereit							
anpassungsfähig							
überzeugend							
selbstbeherrscht							
entschlossen							
temperamentvoll							
zuverlässig							
sensibel							

(Anleitung im HandBuch 2 **»Training«**, S. 12 bis 15)

Fremdeinschätzung

Bitte kreuzen Sie in beiden Spalten an

wie ausgeprägt?:	**schwach**				**stark**		
	-3	-2	-1	0	1	2	3
kompromißbereit							
optimistisch							
mutig							
rücksichtsvoll							
ungeduldig							
lernbereit							
autoritär							
tolerant							
teamfähig							
kritikfähig							
selbstsicher							
aggressiv							
spontan							
ausdauernd							
direkt							

wie ausgeprägt?:	**schwach**				**stark**		
	-3	-2	-1	0	1	2	3
zielstrebig							
vielseitig							
begeisterungsfähig							
ehrgeizig							
belastbar							
impulsiv							
geltungsbedürftig							
hilfsbereit							
anpassungsfähig							
überzeugend							
selbstbeherrscht							
entschlossen							
temperamentvoll							
zuverlässig							
sensibel							

TrainingsKarte **Selbst- & FremdBild**

(Anleitung im HandBuch 2 **»Training«**, S. 12 bis 15)

Selbsteinschätzung

Bitte kreuzen Sie in beiden Spalten an

wie ausgeprägt?:	schwach				stark		
	-3	-2	-1	0	1	2	3
kompromißbereit							
optimistisch							
mutig							
rücksichtsvoll							
ungeduldig							
lernbereit							
autoritär							
tolerant							
teamfähig							
kritikfähig							
selbstsicher							
aggressiv							
spontan							
ausdauernd							
direkt							

wie ausgeprägt?:	schwach				stark		
	-3	-2	-1	0	1	2	3
zielstrebig							
vielseitig							
begeisterungsfähig							
ehrgeizig							
belastbar							
impulsiv							
geltungsbedürftig							
hilfsbereit							
anpassungsfähig							
überzeugend							
selbstbeherrscht							
entschlossen							
temperamentvoll							
zuverlässig							
sensibel							

(Anleitung im HandBuch 2 »**Training**«, S. 12 bis 15)

Fremdeinschätzung

Bitte kreuzen Sie in beiden Spalten an

wie ausgeprägt?:	schwach				stark		
	-3	-2	-1	0	1	2	3
kompromißbereit							
optimistisch							
mutig							
rücksichtsvoll							
ungeduldig							
lernbereit							
autoritär							
tolerant							
teamfähig							
kritikfähig							
selbstsicher							
aggressiv							
spontan							
ausdauernd							
direkt							

wie ausgeprägt?:	schwach				stark		
	-3	-2	-1	0	1	2	3
zielstrebig							
vielseitig							
begeisterungsfähig							
ehrgeizig							
belastbar							
impulsiv							
geltungsbedürftig							
hilfsbereit							
anpassungsfähig							
überzeugend							
selbstbeherrscht							
entschlossen							
temperamentvoll							
zuverlässig							
sensibel							

(Anleitung im HandBuch 2 **»Training«**, S. 12 bis 15)

Selbsteinschätzung

Bitte kreuzen Sie in beiden Spalten an

wie ausgeprägt?:	schwach				stark		
	-3	-2	-1	0	1	2	3
kompromißbereit							
optimistisch							
mutig							
rücksichtsvoll							
ungeduldig							
lernbereit							
autoritär							
tolerant							
teamfähig							
kritikfähig							
selbstsicher							
aggressiv							
spontan							
ausdauernd							
direkt							

wie ausgeprägt?:	schwach				stark		
	-3	-2	-1	0	1	2	3
zielstrebig							
vielseitig							
begeisterungsfähig							
ehrgeizig							
belastbar							
impulsiv							
geltungsbedürftig							
hilfsbereit							
anpassungsfähig							
überzeugend							
selbstbeherrscht							
entschlossen							
temperamentvoll							
zuverlässig							
sensibel							

TrainingsKarte **Selbst- & FremdBild**

(Anleitung im HandBuch 2 **»Training«**, S. 12 bis 15)

Fremdeinschätzung

Bitte kreuzen Sie in beiden Spalten an

wie ausgeprägt?:	schwach				stark		
	-3	-2	-1	0	1	2	3
kompromißbereit							
optimistisch							
mutig							
rücksichtsvoll							
ungeduldig							
lernbereit							
autoritär							
tolerant							
teamfähig							
kritikfähig							
selbstsicher							
aggressiv							
spontan							
ausdauernd							
direkt							

wie ausgeprägt?:	schwach				stark		
	-3	-2	-1	0	1	2	3
zielstrebig							
vielseitig							
begeisterungsfähig							
ehrgeizig							
belastbar							
impulsiv							
geltungsbedürftig							
hilfsbereit							
anpassungsfähig							
überzeugend							
selbstbeherrscht							
entschlossen							
temperamentvoll							
zuverlässig							
sensibel							